Haal uw recht

Georgie Dom

Haal uw recht

Consumentenbond

Dan weet je het

1e druk, juli 2011

Inlichtingen Consumentenbond

Auteur: *Georgie Dom*
Verder werkten mee: *Charles Onbag, Inge Piek, Henk Verhagen, Bas Willigenburg*
Eindredactie: *GemRedactie, Delft*
Grafische verzorging: *Het vlakke land, Rotterdam*
Foto omslag: *iStockphoto*

ISBN 978 90 5951 1606
NUR 440

INHOUD

INLEIDING

In Nederland zijn de consumentenrechten over het algemeen goed geregeld. Maar hoe brengt u die rechten in praktijk? Dit boek helpt u daarbij, met heldere informatie en praktische tips van de Consumentenbond, dé organisatie op het gebied van consumentenrecht.
U leest eerst in hoofdstuk 1 hoe het recht in ons land in grote lijnen in elkaar zit. Daarna gaan we in op specifieke situaties waarmee iedereen weleens te maken krijgt. Zo gaat hoofdstuk 2 over uw rechten bij het kopen van een product. Gewoon in de winkel, maar ook via internet of colportage.
In hoofdstuk 3 zijn uw reisrechten aan de beurt. Wat als uw vlucht vertraagd of overboekt is? Of het hotel zwaar tegenvalt? U leest over het nut van het Calamiteitenfonds en de Stichting Garantiefonds Reisgelden.
Een relatief nieuw terrein vormen uw 'digitale' rechten, bijvoorbeeld tegenover telecomproviders en aanbieders van sms-diensten. U leest erover in hoofdstuk 4. Hier komen onder meer aan bod de kwestie downloaden en de gespannen verhouding tussen internet en uw privacy.
Hoofdstuk 5 gaat over uw rechten in de gezondheidszorg. Denk aan het recht op informatie, kwaliteit en klagen. Niet alleen tegenover uw huisarts en tandarts, maar ook in het ziekenhuis, een verpleeginstelling en tegenover de zorgverzekeraar.
Achterin treft u een uitgebreide adressenlijst van organisaties waar u nog meer te weten kunt komen.
Belangrijke informatie die verluchtigd wordt met ervaringen van onze leden, zoals die terug te vinden zijn in de bekende rubriek Stekeligheden in de *Consumentengids* en Turbulentie in de *Reisgids*.

1 OVER HET RECHT IN HET ALGEMEEN

Voordat we in de volgende hoofdstukken ingaan op uw rechten en plichten als consument in allerlei situaties is het handig iets te vertellen over het recht in het algemeen.

Ook leest u hier hoe u dat recht kunt halen: via civiele rechtspraak, geschillencommissies, administratieve rechtspraak en administratief bezwaar en beroep. Daarnaast omschrijven we enkele juridische begrippen die u moet kennen en geven we een handleiding voor het geval u naar de rechter stapt.

1.1 Wet en overeenkomst

Rechten en plichten van mensen zijn gebaseerd op 'het recht'. Uw recht is grotendeels verankerd in de wet. Zo zijn uw rechten en plichten tegenover de overheid en die van de overheid jegens u vrijwel allemaal wettelijk vastgelegd. Ze zijn 'dwingend' geregeld; daaraan kan niet worden getornd. Ook een aantal van uw rechten en plichten als consument is wettelijk geregeld, in het Burgerlijk Wetboek (BW).
In zaken die niet dwingend in de wet worden geregeld, kunnen partijen hun 'eigen' wet opstellen in de vorm van overeenkomsten. Bij dat laatste geldt contractsvrijheid. Met andere woorden: partijen kunnen met elkaar eigen voorwaarden afspreken. Zulke overeenkomsten tussen partijen gelden als wet mits ze niet strijdig zijn met de 'officiële' wet en er geen dwingend recht bestaat. Ook aan zulke voorwaarden worden eisen gesteld; ze mogen bijvoorbeeld niet 'onredelijk' zijn.

1.2 Personen en rechtspersonen

Wie zijn er volgens de wet bevoegd een rol te spelen in het recht? Wie kunnen een proces voeren?

Allereerst u en uw buurman; alle mensen ('personen') van vlees en bloed. Daarnaast organisaties, zoals naamloze en besloten vennootschappen (NV's en BV's), stichtingen en verenigingen. Maar ook de staat en gemeenten. Deze organisaties noemen we dan 'rechtspersonen'.
Rechten en plichten kunnen dus bestaan tussen:

- u en een andere burger;
- u en een rechtspersoon;
- u en de overheid;
- rechtspersonen onderling.

STEKELIGHEID

Per stuk

Herenkledingzaak Thom Broekman in Haarlem adverteert: een 6-pack sokken van het merk Gant voor €29,95. Maar in de winkel ontdekt mevrouw Daleman uit Driehuis dat deze prijs voor drie paar moet worden betaald. Wanneer zij de advertentie aan de verkoper laat zien, snapt die het probleem niet. 'Het zijn toch in totaal zes sokken?' Blijkbaar verkoopt Thom Broekman ook sokken per stuk. Handig voor als je een linkersok kwijt bent...
Stekeligheden, Consumentengids januari 2011

1.3 Rechtspraak

Houden personen en rechtspersonen zich niet aan de wet of aan onderlinge afspraken, dan kunnen er conflicten ontstaan. Rechters hebben als taak die conflicten te beslechten.
In Nederland is de rechtspraak onderverdeeld in burgerlijk recht, staats- en bestuursrecht en strafrecht. Daarnaast bestaat er nog een 'particuliere' rechtspraak, in de vorm van geschillencommissies, mediation en arbitrage. Als klagende consument zult u vooral te maken krijgen met de burgerlijke (civiele) rechtspraak, onderdeel van de gewone rechtspraak. De civiele rechter doet uitspraak in geschillen waarbij u tegenover een andere burger staat, of tegenover de overheid die als burger optreedt (als verkoper van een stuk grond bijvoorbeeld), of als burger tegenover een rechtspersoon (zoals een organisatie of een fabrikant).
Maar als de overheid echt als overheid is opgetreden, kunt u ook met het bestuursrecht te maken krijgen. Dit wordt geregeld in de Algemene wet

bestuursrecht. Dat is bijvoorbeeld het geval als u bezwaar maakt tegen de WOZ-beschikking of tegen een geweigerde bouwvergunning. Of als u bezwaar heeft gemaakt tegen een voorlopige aanslag en de Belastingdienst dat afwijst. U moet dan naar de belastingrechter.

1.4 Recht halen

Als consument en burger heeft u dus rechten. U weet nu ook tegenover wie. Wat als u een recht meent te hebben, maar dit niet krijgt? Of niet op de manier zoals u wenst?
Hoe u dan te werk moet gaan, hangt af van diverse factoren. Van invloed zijn bijvoorbeeld het onderwerp en het (financiële) belang van het geschil. Maar ook of het gaat om het recht tegenover een leverancier of tegenover een overheid. We geven hier enkele basisregels. In de hoofdstukken hierna gaan we meer gedetailleerd in op bepaalde geschillen: met bijvoorbeeld een winkelier, een reisorganisator, een zorgverlener of een internetprovider.

1.4a Basis

Voordat u stappen neemt, moet u nagaan of u in uw recht staat. Soms is dat overduidelijk, bijvoorbeeld als u iets heeft besteld en betaald, maar niet ontvangen heeft.
Twijfelt u? Dan zult u moeten controleren wat de wet hierover zegt of, als het om een overeenkomst gaat, wat de 'kleine lettertjes' (de algemene voorwaarden) vermelden. U kunt hierover advies inwinnen bij verschillende juridische dienstverleners en (belangen)organisaties.

Advocaat

Advocaten zijn juridisch deskundigen die bemiddelen en advies geven en de burger bijstaan in processen. Een advocaat is bij de rechtbank, het Hof en de Hoge Raad verplicht. Bij de sectie kanton van de rechtbank hoeft u hem niet in te schakelen (maar het mag wel). Ook bij relatief eenvoudige *strafzaken* bij de sectie kanton, zoals een verkeersovertreding, is een advocaat niet verplicht. Hetzelfde geldt voor bepaalde procedures tegen de overheid, zoals de wijziging van een bestemmingsplan.

Een advocaat hoort zich te houden aan de Gedragsregels van de Orde van Advocaten (zie Adressen). Volgens die regels moet hij u als cliënt zo inlichten dat u een juist inzicht krijgt in de stand van zaken. Bij belangrijke beslissingen moet hij u raadplegen en van ieder processtuk hoort hij u een afschrift te sturen. De advocaat heeft de leiding, maar mag niets doen tegen uw kennelijke wil in. Als u hem een opdracht heeft gegeven, kan hij zich niet van zijn aansprakelijkheid voor zijn handelingen onttrekken door te zeggen 'dat u het zo wilde'.

Gesubsidieerde rechtsbijstand

Bij gesubsidieerde rechtsbijstand vergoedt de overheid een deel van de kosten die u maakt wanneer u een advocaat (hij wordt dan 'toegevoegd') of mediator (conflictbemiddelaar) nodig heeft. U betaalt wel altijd een eigen bijdrage die afhangt van uw inkomen en vermogen.

Uw rechtsbijstandsverlener of mediator stelt samen met u een aanvraag op voor gesubsidieerde rechtsbijstand of mediation. Die aanvraag wordt ingediend bij de Raad voor Rechtsbijstand (zie Adressen). De raad beslist of u in aanmerking komt voor gesubsidieerde rechtsbijstand of mediation. Dit doet de raad op basis van gegevens over uw inkomen en vermogen (afkomstig van de Belastingdienst) en de inhoudelijke gegevens van uw zaak.

U komt voor gesubsidieerde rechtsbijstand of mediation in aanmerking als uw brutoverzamelinkomen lager is dan €24.600 (alleenstaanden) of €34.700 (gehuwden, eenoudergezinnen, geregistreerde partners of samenwonenden). De bedragen zijn van 2011.

Uw vermogen speelt ook een rol, maar de waarde van een eigen woning hoeft u niet op te geven. De vermogensgrenzen zijn €20.661 (peiljaar 2009, de Belastingdienst verstrekt de gegevens van uw inkomen en vermogen van twee jaar terug) per belastingplichtige persoon, met voor elk minderjarig kind een bijtelling van €2762. Voor mensen van 65 jaar of ouder geldt een extra heffingsvrij vermogen van maximaal €27.350.

Op www.rijksoverheid.nl onder Gesubsidieerde rechtsbijstand vindt u tabellen met de inkomensgrenzen en eigen bijdrage die u betaalt bij het inschakelen van een advocaat, bij juridisch advies voor eenvoudige zaken en bij mediation.

Op de site van de Raad voor Rechtsbijstand (zie Adressen) vindt u meer informatie over gesubsidieerde rechtsbijstand, maar ook wat u kunt doen bij een conflict op diverse terreinen (familie en relatie, werk, overheid, gezondheid, wonen en consumentenzaken) en wie u daarbij kunnen helpen.

Gratis kennismakingsgesprek

Bij een groot aantal advocaten kunt u terecht voor een gratis kennismakingsgesprek. Zo'n gesprek duurt meestal ongeveer 30 minuten. U kunt zo al veel te weten komen, bijvoorbeeld of het zin heeft een juridische procedure te starten.
Besluit u na het kennismakingsgesprek verder te gaan met de advocaat, dan gaat dit natuurlijk wel geld kosten. Vraag vooraf hoeveel uur de advocaat aan de zaak denkt te besteden, zodat u een kostenindicatie heeft.

Het inschakelen van een advocaat is kostbaar. De rekening bestaat uit zijn honorarium, de belaste verschotten (waarover de advocaat belasting moet betalen; zie hierna) plus btw en de onbelaste verschotten.
Bij de vaststelling van zijn honorarium gaat de advocaat uit van de tijd die hij aan een zaak heeft besteed. En zijn uurloon is niet gering: €150, exclusief 19% btw, is gangbaar.
Een advocaat kan op verschillende manieren declareren: bijvoorbeeld op basis van een uurtarief, afhankelijk van draagkracht of resultaat, via een vast bedrag of via een incassotarief. Op www.advocaten-vergelijken.nl kunt u vrijblijvend informatie en offertes van advocaten in uw regio opvragen.
Verschotten zijn de kosten die een advocaat voor zijn klant maakt, zoals griffierechten, deurwaarderskosten en reis- en verblijfskosten. De algemene kosten (kantoor en dergelijke) zijn in het honorarium begrepen. Op uw verzoek hoort een advocaat u een gespecificeerde rekening te geven.
Op grond van de Wet op de rechtsbijstand kunnen burgers en rechtspersonen met een inkomen en vermogen beneden een bepaalde grens in aanmerking komen voor gesubsidieerde rechtsbijstand (zie het gelijknamige kader). U kunt bij het Juridisch Loket informeren of u hiervoor in aanmerking komt.

Deurwaarder

Een deurwaarder wordt bij Koninklijk Besluit door de Kroon benoemd en moet daarna een eed afleggen. Hij heeft ambtelijke en niet-ambtelijke taken. Tot de eerste behoren het uitbrengen van dagvaardingen, 'gerechtelijke aanzeggingen' doen, het uitbrengen van 'exploten' tot de uitvoering van alle rechterlijke bevelen, vonnissen en arresten, toezien op vrijwillige openbare verkoping van onroerende zaken, inventarissen opmaken en schattingen doen. Allemaal zaken die alleen de deurwaarder mag verrichten.

Tot zijn niet-ambtelijke werkzaamheden behoren het incasseren van vorderingen, adviezen geven, rechtskundige bijstand verlenen en rechtszittingen bijwonen. Incasseren van vorderingen kan overigens ook door een incassobureau gebeuren.

STEKELIGHEID

Klopjacht

Het geklepper van de brievenbus zal voor mevrouw Siem uit Huizen nooit meer hetzelfde zijn, sinds zij een boek kocht bij Bol.com. Vanaf die tijd achtervolgt het bedrijf haar voor een nota van €11,94. Betalingsherinneringen en dreigbrieven van het incassobureau stromen binnen voor een rekening die zij keurig op tijd betaalde.
Bol.com is onverbiddelijk: dan had ze maar niet het verkeerde betalingskenmerk moeten invullen. Ook de Consumentenbond kan het bedrijf niet tot inkeer brengen. Even lijkt het goed te gaan. Er is contact met Bol.com dat het probleem is opgelost.
Maar de rust is van korte duur. Er valt wéér een betalingsherinnering in de bus, ditmaal voor een andere rekening die mevrouw Siem allang heeft betaald... Na een maandenlange achtervolging ziet Bol.com zijn fouten in en stuurt excuses en een cadeaubon om het goed te maken.
Stekeligheden, Consumentengids mei 2011

Notaris

Een notaris is een duizendpoot in de administratieve en juridische dienstverlening. Hij is een openbaar ambtenaar en als enige bevoegd om notariële akten op te maken. Dat behoort tot zijn 'ambtelijke' praktijk. Net als de deurwaarder kan hij ook adviezen geven die vallen onder zijn niet-ambtelijke werkzaamheden. In het notariaat gelden geen vaste tarieven. Het is daarom belangrijk dat u van tevoren een offerte vraagt. De notaris kan daarin een vast bedrag aangeven voor zijn werkzaamheden, of een uurtarief, of variaties daarvan. Voor u is van belang vooraf te weten waar u aan toe bent. Via www.degoedkoopstenotaris.nl en www.notaristarieven.nl kunt u de tarieven van notarissen met elkaar vergelijken.

Wets-/rechtswinkel

Nederland kent bijna 80 wets- of rechtswinkels. U kunt er advies krijgen van rechtenstudenten of afgestudeerde juristen die op vrijwillige basis werken. Er is een grote variatie in het aanbod. Er bestaan grote en kleine rechtswinkels

(De Leidse Rechtwinkel telt 120 medewerkers, die in Best heel wat minder), kinderrechtswinkels, migrantenrechtswinkels en vrouwenrechtswinkels. Er zijn geen kosten aan verbonden. De drempel is laag, maar dat geldt soms helaas ook voor de deskundigheid. Een geschikt adres voor simpele juridische kwesties; met echt gecompliceerde zaken kunt u beter elders aankloppen.

Juridisch Loket

Bij het Juridisch Loket kunt u antwoord krijgen op juridische vragen op allerlei gebieden: werk (zoals arbeidsovereenkomsten en ontslag); uitkeringen, toeslagen en andere inkomensaanvullingen; familiekwesties (echtscheiding, voogdij, erfenissen); huren en eigen huis; consumentenproblemen; vreemdelingenzaken; politie, justitie, strafzaken en verkeersboetes, (Bouw/omgevings)vergunningen en bezwaarprocedures; rechtsbijstand en mediation. Ze kunnen niet helpen met vragen over het beheer van vermogen, zakelijke kwesties, pacht of verhuur van onroerend goed en andere vragen over de uitoefening van een zelfstandig beroep of bedrijf.
Op www.juridischloket.nl en in de 30 vestigingen in heel Nederland krijgt u heldere informatie over juridische onderwerpen. Meer dan 300 juridische medewerkers geven advies op maat en kunnen zo nodig doorverwijzen naar een andere instantie, een mediator of advocaat.
De dienstverlening is gratis. Alleen als u belt via 0900 – 8020 betaalt u €0,10 per minuut, plus de normale kosten van uw (mobiele)telefoonaanbieder. Wordt u via het Juridisch Loket doorverwezen naar een advocaat of mediator, dan zijn aan zijn diensten uiteraard wel kosten verbonden.
Het Juridisch Loket is een initiatief van de overheid en wordt betaald door het ministerie van Veiligheid en Justitie.

Rechtsbijstandsverzekeraar

Wie een rechtsbijstandsverzekering heeft, kan voor informatie en advies bij deze verzekering aankloppen, mits het gaat om een kwestie die valt binnen de module(s) die u heeft afgesloten.
Over het algemeen worden de volgende soorten rechtsbijstandspolissen aangeboden: motorrijtuigen, verkeer, gezin en bedrijfsrecht.

Juridische afdeling of juridische adviseur van een belangenorganisatie

Juridisch advies tegen geen of weinig geld zit vaak in het lidmaatschap van organisaties, zoals de ANWB, de Vereniging eigen huis, de Nederlandse Woonbond en de vakbond.

Consumentenbond
Leden kunnen terecht bij ons Adviescentrum voor persoonlijk advies. Het moet dan wel gaan om problemen met aangeschafte producten of diensten. U kunt er niet terecht voor zaken op andere rechtsgebieden, zoals arbeids-, verkeers-, buren-, erf- en fiscaal recht.
Het gaat om een advies; we kunnen niet actief bemiddelen noch enigerlei rechtsbijstand verlenen. Wel leveren we groepsbemiddeling bij problemen met een leverancier, zoals bij onze acties voor aandelenlease- en energiegedupeerden in het verleden.

Consumentenautoriteit
Mede dankzij de Consumentenbond bestaat er sinds 2007 een toezichthouder die consumenten helpt hun recht te halen en ondernemers kan aanpakken die zich niet aan de wet houden: de Consumentenautoriteit (CA). Aandachtsgebieden zijn onredelijke bedingen in algemene voorwaarden, internethandel, misleidende loterijen en prijzenfestivals, transparantie van prijzen in de reisbranche en garanties.
Sinds oktober 2008 is de Wet oneerlijke handelspraktijken van kracht. Hiermee kan de Consumentenautoriteit ondernemers beboeten die misleidende reclame of agressieve verkooptechnieken gebruiken. De Consumentenbond heeft hier jaren voor gestreden. Uit een actie in 2007 blijkt dat consumenten zich vooral storen aan zogenaamde lokkertjes: scherpgeprijsde aanbiedingen die niet echt in de winkel verkrijgbaar zijn.
De CA geeft ook informatie en advies aan consumenten. U kunt daarvoor terecht bij ConsuWijzer, de helpdesk van de CA en andere toezichthouders. Zie het kader 'ConsuWijzer'.

Handige adressen

- *Het Juridisch Loket*: 0900 – 8020 (€0,10 pm), www.juridischloket.nl: van de overheid, voor gratis juridisch advies.
- *De Geschillencommissie*: (070) 310 53 10, www.degeschillencommissie.nl: voor een bindende uitspraak over een geschil, indien de winkelier (of zijn branchevereniging) is aangesloten bij De Geschillencommissie.
- *Consumentenbond*: (070) 445 45 45, www.consumentenbond.nl: gratis juridisch advies voor leden.

ConsuWijzer

ConsuWijzer (zie Adressen) is het loket van de overheid waar u terechtkunt voor informatie over uw rechten als consument op verschillende terreinen: internet, telefonie, kabel en post; energie; elektronica en huishoudelijke apparatuur; huis en tuin; zorg en welzijn; vakantie en vrijetijdsbesteding; vervoer; kleding en textiel; financiën en verzekeringen.
De medewerkers lossen het probleem niet voor u op, maar wijzen u wel de weg naar de oplossing. Ze vertellen u dus hoe u het best te werk kunt gaan en bij welke instantie u moet zijn.
Uw klacht of vraag wordt geregistreerd en doorgegeven aan een van de drie toezichthouders die samen ConsuWijzer hebben opgericht. Dat zijn de Consumentenautoriteit, de NMa (Nederlandse Mededingingsautoriteit) en de OPTA (Onafhankelijke Post en Telecommunicatie Autoriteit).

1.4b Belang

Weet u eenmaal dat u in uw recht staat, dan moet u vaststellen welk belang u bij de zaak heeft. Wilt u alleen uw gelijk, dus genoegdoening? Of wilt u ook dat de tegenpartij wordt bestraft, of wilt u ook een financiële genoegdoening, schadevergoeding dus? En smartegeld daarbovenop? Als geld ook een rol speelt, moet u berekenen om welk bedrag het gaat.
Tot slot moet u nagaan of uw belang opweegt tegen de moeite die u moet doen om uw recht te halen. Blijkt uw belang zwaar genoeg, dan moet u nog bezien hoe het staat met uw bewijspositie. Gelijk hebben betekent niet automatisch gelijk krijgen. Als u uw gelijk niet kunt bewijzen, wordt het een stuk moeilijker. Alles wat daarbij kan helpen, zoals bonnen en schriftelijke afspraken, moet u dus verzamelen en bewaren.

1.4c Wacht niet te lang

Wacht niet te lang met actie ondernemen. Anders kan de mogelijkheid om uw rechten te effectueren verlopen zijn. Als u bijvoorbeeld een geschil aan een geschillencommissie wilt voorleggen, geldt er een bepaalde termijn waarbinnen u dat moet hebben gedaan. Bovendien moet u schriftelijk hebben geklaagd en de tegenpartij een termijn hebben geboden om te reageren. Stap niet meteen naar de rechter, maar begin op een zo laag mogelijk niveau. Probeer eerst zelf met de tegenpartij tot overeenstemming te komen. Laat desnoods iemand anders daarin bemiddelen. Komt u er samen

uit, dan kan dat veel geld en tijd schelen, en dat weegt misschien op tegen een wat minder resultaat.
Bovendien wordt hulp op een hoger niveau soms pas verstrekt als u eerst heeft geprobeerd zelf het geschil met de betrokkene te regelen. Ook de rechter kan dit bij zijn uitspraak laten meetellen.

1.4d Verdere stappen

Er zijn verschillende instanties waar u kunt aankloppen als u er met de tegenpartij niet uitkomt. Bij diverse consumentenklachten biedt De Geschillencommissie uitkomst. U moet klachtengeld betalen, maar hoeft geen advocaat in te schakelen. Voorwaarde is dat de verkoper (rechtstreeks of via een brancheorganisatie) bij De Geschillencommissie is aangesloten; zie verderop.
U kunt wellicht een klacht indienen bij een tuchtrechtelijke of andere instantie. Een tuchtrechtelijke instantie kan een berisping, schorsing of boete opleggen. Maar u kunt er als consument geen schadevergoeding eisen; zie verderop.
De laatste jaren is mediation in opkomst, zie verderop.
Tot slot kunt u naar de rechter stappen. De klacht en de hoogte van de claim bepalen welke rechter het geschil behandelt. Bij een geschil tot €25.000 is dat meestal de sector kanton van de rechtbank. Daar kunt u zonder advocaat terecht. Voor een zaak bij de rechtbank betaalt u meer en moet u een advocaat inschakelen.

Geschillencommissie

Bij De Geschillencommissie (zie Adressen) wordt de zaak in behandeling genomen zodra u klachtengeld heeft betaald. De commissie vraagt de leverancier om een reactie en kan besluiten een onafhankelijke deskundige in te schakelen;
Er vindt meestal een hoorzitting plaatst waarbij alle partijen een mondelinge toelichting kunnen geven. Het is niet verplicht hierbij aanwezig te zijn, maar wel aan te bevelen. Binnen vier tot zes weken na de hoorzitting volgt de uitspraak. Die uitspraak is bindend; hoger beroep is niet mogelijk. Wel kunnen partijen de uitspraak ter toetsing aan de rechter voorleggen.
U kunt uw klacht indienen via een formulier op de website van De Geschillencommissie (www.degeschillencommissie.nl).

Mediation

Bij mediation wordt er gezocht naar een uitkomst waar alle betrokkenen

zich in kunnen vinden. Die oplossing hoeft niet altijd op juridische gronden gebaseerd te zijn.
Mediation kost doorgaans €100 tot €200 per uur, wat de partijen gezamenlijk betalen. Dat is niet niks, maar een gang naar de rechtbank is ook duur, mede dankzij de gestegen griffiekosten en zeker als u de hulp van een advocaat in moet roepen.
Er zijn mediators uit allerlei beroepsgroepen. Op de site van www.mediatorsvereniging.nl van de beroepsvereniging kunt u zoeken naar een mediator die goed past bij u en uw geschil en controleren of een mediator gecertificeerd is.
Bereid iedere bijeenkomst met een mediator goed voor en bedenk ook wat voor de ander relevant kan zijn en hoe u elkaar tegemoet kunt komen.

Tips voor een klachtenbrief

- Volg de klachtenprocedure van de onderneming. Die procedure is te vinden in de algemene voorwaarden of in de productovereenkomst. U kunt er ook naar vragen. Vaak staan de voorwaarden op de website van de onderneming. Let op eventuele termijnen waarbinnen u de klacht moet indienen.
- Draai er niet omheen. Geef in de eerste zin al aan waarover de klacht gaat. Omschrijf vervolgens concreet de inhoud van uw klacht. Vergeet niet te vermelden wat u verlangt van de tegenpartij. Doe een voorstel.
- Houd het zakelijk en concreet. Laat de emoties in uw brief niet de overhand krijgen. Houd de zinnen kort.
- Vraag om een schriftelijke reactie binnen een redelijke termijn; twee weken is gebruikelijk.
- Voorzie de brief van een datum en van uw contactgegevens, zoals uw adres, telefoonnummer(s) en e-mailadres.
- Stuur kopieën van belangrijke stukken als bijlage mee met uw brief. Bijvoorbeeld de offerte, overeenkomst of een contract. Bewaar originele papieren thuis.
- Maak een kopie van uw brief voor uw eigen administratie.
- Heeft u hulp nodig bij het schrijven van een klachtenbrief? Op onze website staan voorbeeldklachtenbrieven: www.consumentenbond.nl/garantie/uwrecht_garantie (even naar beneden scrollen). U vindt daar ook een 12-stappenplan om uw recht te halen.

Klachtencommissies
Er zijn tientallen klachtencommissies. Sommige zijn door een branche of beroepsgroep opgericht. Denk aan het Tuchtcollege Gezondheidszorg en de Koninklijke Notariële Beroepsorganisatie. Deze organisaties doen een tuchtrechtelijke uitspraak over de beroepsuitoefening van de aanbieder. Er zijn ook commissies die als zodanig in de wet zijn geregeld. Voorbeelden daarvan zijn de Huurcommissies en de Nationale Ombudsman (voor klachten over overheidsinstanties).

Elke klachteninstantie heeft eigen procedures. Informatie hierover is doorgaans te vinden op de website van de betreffende instantie.
De Consumentenbond heeft geen bemoeienis met deze instanties.

Naar de rechter
U begint een rechtszaak door via een gerechtsdeurwaarder een dagvaarding naar de gedaagde te sturen. Die mag daarop schriftelijk of mondeling reageren. De rechter kiest dan de vervolgprocedure. Dat kan een tweede schriftelijke ronde zijn, waarbij de eiser reageert op het verweer van de gedaagde. Of een hoorzitting, waarbij beide partijen voor de rechter moeten verschijnen. Soms doet de rechter meteen uitspraak.
Een procedure bij de rechter kost tijd en geld. Vorderingen tot €25.000 en klachten over huur- en arbeidsovereenkomsten worden afgehandeld door de sector kanton van de rechtbank. Alleen de eiser betaalt griffierechten. En u hoeft geen advocaat in de arm te nemen. Overige zaken belanden bij de rechtbank. Daar betalen beide partijen griffierechten en moet u een (dure) advocaat inschakelen. Het griffierecht bij de rechtbank is €41 (juni 2011), bij het gerechtshof €112. Er zijn plannen om het griffierecht vanaf 2013 kostendekkend te maken; dat zou een forse verhoging betekenen.
Bij spoedeisende zaken kunt u een kort geding aanspannen. Doet u dit bij de sector kanton van de rechtbank dan is inschakeling van een advocaat niet verplicht. Dient het kort geding bij de rechtbank, dan moet u als eiser wel een advocaat nemen. Als gedaagde hoeft dat dan niet, maar het is wel toegestaan.

Informatie over rechtspraak
Meer informatie over de verschillende gerechtelijke procedures vindt u op http://www.rechtspraak.nl/Naar-de-rechter/pages/default.aspx.

2 IN DE WINKEL

Als u iets koopt, kan er het een en ander misgaan. Hier leest u daar meer over en ook hoe u dat het best oplost.

Eerst vertellen we u meer over uw rechten bij een aankoop. Daarna leest u wat u kunt doen als een product ondeugdelijk blijkt te zijn. Vervolgens komen de belangrijkste wettelijke regels aan bod voor kopen op afstand, kopen in het buitenland en colportage.

2.1 Consumentenkoop

Als u als consument in een winkel een product koopt, is dat een consumentenkoop. U sluit voor privédoeleinden een koopovereenkomst met de verkoper. Het moet gaan om een roerende zaak, zoals een wasmachine of een bank. Ook het in opdracht laten maken van een bril of een meubelstuk valt hieronder, maar het kopen van een huis of een stuk grond niet, omdat dat onroerende zaken zijn.

2.1a Overeenkomst

Een koopovereenkomst is een schriftelijke of mondelinge afspraak tussen u en de winkelier, die voor u allebei rechten en plichten met zich meebrengt. U moet de afgesproken prijs betalen en de winkelier moet een deugdelijk product leveren.
Het Burgerlijk Wetboek zegt daarover in boek 7, artikel 17, lid 1 en 2:
1. De afgeleverde zaak moet aan de overeenkomst voldoen.
2. Een zaak beantwoordt niet aan de overeenkomst indien zij, mede gelet op de aard van de zaak en de mededelingen die de verkoper over de zaak heeft gedaan, niet de eigenschappen bezit die de koper op grond van de overeenkomst mocht verwachten. De koper mag verwachten dat de zaak de eigenschappen bezit die voor normaal gebruik nodig zijn en waarvan hij de aanwezigheid niet behoefde te betwijfelen, alsmede de eigenschap-

Transparant?

De laagsteprijsgarantie van Foto Klein stelt niet veel voor, vindt de heer Rondel uit Leidschendam. 'Ik zag een camera van €530 op internet voor €487. Toen ik me beriep op de garantie, zei Foto Klein dat een webbedrijf niet meetelt. Toch staat de garantie op de winkelruit, zonder uitsluitingen.' Foto Klein meldt de Consumentenbond 'dit erg vervelend te vinden. De garantie geldt voor gedane aankopen. De voorwaarden staan op onze website en zijn opvraagbaar in onze winkels'. Foto Klein meent de voorwaarden 'duidelijk en transparant te communiceren'. Transparant als een winkelruit?

Stekeligheden, Consumentengids december 2010

pen die nodig zijn voor bijzonder gebruik dat bij de overeenkomst is voorzien.

Deugdelijk?

Vooral het tweede lid van het wetsartikel is belangrijk: u heeft als consument recht op een deugdelijk product. Dat wil zeggen, een product dat gedurende een bepaalde tijd aan alle eisen voldoet die u daaraan bij normaal gebruik mag stellen. En aan bijzondere eisen als die bij de koop zijn vastgelegd. Kortom: de wasmachine moet het gewoon doen en u mag niet door de bank zakken.

Verwachtingen

Wat u precies van een product mag verwachten, is afhankelijk van een aantal factoren. Bijvoorbeeld van de prijs, de mededelingen van de verkoper en eventueel die van de fabrikant (bijvoorbeeld in folders en andere reclame), de aangegeven levensduur, de plaats van verkoop (speciaalzaak of *cash and carry*), nieuw of tweedehands.

Als u in een dure boetiek een jas van €1000 koopt, mag u daar natuurlijk meer van verwachten dan van een jas die u voor €50 op de markt afrekent. En als de fabrikant in een reclamefolder beweert dat een jas waterdicht is, mag u ervan uitgaan dat dit klopt. Maar elke jas, ongeacht kwaliteit of prijs, zal ooit slijten. En normale slijtage maakt een product niet ondeugdelijk. Hoelang u een product probleemloos moet kunnen gebruiken, is lastig aan te geven. Om toch enig houvast te bieden, staan in tabel 1 een paar voorbeelden van de levensduur van producten.

Tabel 1 Geschatte levensduur

Apparaat	Levensduur in jaren
geluidsapparatuur (geen walkman)	8 - 10
mobiele telefoon	3 - 5
fiets	5 - 10
gasfornuis	10 - 15
kleurentelevisie	8 - 10
koelkast	8 - 10
pc en monitor	3 - 5
stofzuiger	5 - 8
videorecorder	5 - 8
wasautomaat	8 - 10
kleding	1 - 4
tapijt	3 - 5
meubelen	3 - 8

STEKELIGHEID

Duur lipje

Charles van Munster uit Swalmen koopt op de website van speciaalzaak Martin Brinkhuis een tekenprojector. Prijs: €249.
Het apparaat voldoet niet aan de verwachtingen, dus Van Munster wil zijn geld terug. In de winkel oordeelt Brinkhuis dat het product niet meer als nieuw te verkopen is. Wat wil het geval: het lipje waarmee de verpakking wordt afgesloten, is gescheurd. En dat kost Van Munster maar liefst €49, want hij krijgt slechts €200 terug.
Van Munster protesteert, maar de ondernemer is niet te vermurwen. Van Munster zet door en eist telefonisch de rest van zijn geld terug.
Dan, dankzij het feit dat een andere klant geen probleem heeft met het kapotte lipje en bereid is het apparaat voor €224 te kopen, krijgt Van Munster 'uit coulance' toch nog €24 extra terug. En zo kost het lipje hem uiteindelijk 'maar' €25.
Stekeligheden, Consumentengids mei 2011

Ondeugdelijk
Als een product niet voldoet aan de verwachtingen die u ervan mag hebben, is het ondeugdelijk en is de verkoper (en niet de fabrikant) daarvoor aansprakelijk. U heeft namelijk met de verkoper een koopovereenkomst gesloten en dat betekent dat hij wettelijk verplicht is u een deugdelijk product te leveren. Als er iets mis is met het product, mag u verwachten dat hij met een oplossing komt. Hij mag u niet doorverwijzen naar de fabrikant. Wat uw rechten zijn bij een ondeugdelijk product, leest u in par. 2.2.

Kleine lettertjes
Als u een overeenkomst met een verkoper sluit, gelden meestal algemene voorwaarden, ook wel kleine lettertjes genoemd. Deze voorwaarden zijn door de verkoper opgesteld en daarin vindt u onder meer informatie over de betaling, de garantie, of de verkoper is aangesloten bij een brancheorganisatie en wat u moet doen als u een klacht heeft. In de voorwaarden zijn dus allerlei belangrijke zaken rond de koop geregeld.

Aan deze algemene voorwaarden zit u vast, maar de verkoper moet u wel de gelegenheid geven er kennis van te nemen voordat u de koop sluit.

Dat is belangrijk om te weten, want als hij dat niet gedaan heeft, kunt u de voor u ongunstige bepaling(en) in de voorwaarden vernietigen. U zegt dan tegen de verkoper dat u de algemene voorwaarden niet van te voren heeft kunnen inzien en dat de ongunstige bepaling(en) daarom niet voor u gelden.

Verder stelt de wet dat er in de algemene voorwaarden geen onredelijke bepalingen mogen staan. Een onredelijke bepaling is bijvoorbeeld dat de verkoper zijn aansprakelijkheid bij een ondeugdelijk product uitsluit. Een onredelijke bepaling kunt u altijd vernietigen, ook als u die vooraf heeft kunnen inzien. De wetgever heeft een 'grijze' en een 'zwarte' lijst opgesteld met onredelijk bezwarende algemene voorwaarden. Zie voor de zwarte lijst artikel 236 van het Burgerlijk Wetboek en voor de grijze lijst artikel 237.

Onredelijk

Als uw nieuwe houten vloer niet in orde is en vervangen moet worden waardoor u tijdens het leggen noodgedwongen een paar dagen in een huisje moet verblijven, is de winkelier volgens de wet aansprakelijk voor deze kosten. Een bepaling in zijn voorwaarden waarin hij zijn aansprakelijkheid voor deze gevolgschade uitsluit, is onredelijk.

Wijziging in voorwaarden
Algemene voorwaarden bij een overeenkomst over langere termijn bevatten vaak een wijzigingsbeding. Hierdoor kan de ondernemer de algemene voorwaarden aanpassen aan veranderende omstandigheden. Zonder wijzigingsbeding mag de ondernemer de algemene voorwaarden in principe niet wijzigen. Verder moeten de gronden voor de wijziging in de algemene voorwaarden zijn vermeld en moet er een redelijke termijn zijn verbonden aan de inwerkingtreding van de wijziging.
De ondernemer dient de gewijzigde voorwaarden tijdig bij u kenbaar te maken, bijvoorbeeld door de gewijzigde voorwaarden naar u toe te sturen. Een algemeen bericht of vermelding in een krant is niet voldoende. Houdt de ondernemer zich niet aan bovenstaande regels, dan kunt u de nieuwe voorwaarden nietig verklaren en heeft u recht op voortzetting van de overeenkomst onder de oude voorwaarden. Als de ondernemer daarmee niet akkoord gaat of als het niet mogelijk is de overeenkomst voort te zetten onder de oude voorwaarden, heeft u het recht de overeenkomst te beëindigen.

2.1b Aanbetalen

De wet zegt dat een verkoper in zijn voorwaarden maximaal de helft van het aankoopbedrag als aanbetaling mag vragen. Of u daarop ingaat, is aan u. Wij raden u aan zo min mogelijk aan te betalen en in ieder geval niet meer dan 50%. Als u een aanbetaling doet, mag u op uw beurt zekerheid verlangen. Anders bent u namelijk uw geld kwijt als de verkoper na de aanbetaling failliet gaat. In de algemene voorwaarden is dan bijvoorbeeld geregeld dat de branche garant staat voor nakoming van de verplichtingen van de verkoper.
Is er niets geregeld, dan moet u zelf afwegen of u het risico wilt lopen dat u de aanbetaling bij een faillissement kwijt bent. Denk hier niet te licht over, zeker als het om een grote aanschaf gaat.

2.1c Garantie

Over garantie bestaan veel misverstanden. Eigenlijk betekent het afgeven van garantie dat de verkoper of fabrikant instaat voor de kwaliteit van een product, bijvoorbeeld gedurende een jaar. Uw wettelijk recht op een deugdelijk product geldt echter altijd, ook ná de garantieperiode.

Vaak staan er in de garantiebepalingen van een fabrikant of verkoper allerlei uitsluitingen. U krijgt bijvoorbeeld wel nieuwe onderdelen vergoed, maar de montage daarvan moet u zelf betalen. Die uitsluitingen mogen erin staan, want garantie is niet iets waar u recht op heeft. Het is een extra service van de fabrikant of de verkoper, waaraan hij zijn eigen voorwaarden mag verbinden.

TIP

Eerst lezen

Het kan zijn dat een garantie u net over de streep trekt om een aankoop te doen. Maar laat u niet verblinden. Lees eerst de garantievoorwaarden goed door en laat u niet blij maken met een dooie mus.

Voordeel garantie

Garantie biedt u een duidelijk voordeel. Als u er in de garantieperiode achterkomt dat het product niet deugt, mag u ervan uitgaan dat er al iets mis was toen u het kocht en hoeft u dat niet te bewijzen. Het is dan de garantieverstrekker (bijvoorbeeld de fabrikant) die moet aantonen dat het gebrek is ontstaan door uw toedoen. Dit noemen we omkering van de bewijslast. Dit voordeel is overigens ook opgenomen in de wetgeving: 'Een gebrek dat zich binnen zes maanden na aankoop van een product openbaart, wordt geacht aanwezig te zijn geweest op het moment van aankoop'. De verkoper moet dan aantonen dat dit niet zo is en dat het gebrek bijvoorbeeld door uw schuld is ontstaan. Dit wordt het 'wettelijk bewijsvermoeden' genoemd. De verkoper hoeft dat overigens niet te doen bij producten die korter dan zes maanden meegaan, bijvoorbeeld etenswaren en weggooiartikelen, en ook niet als het gaat om artikelen die bij de koop al duidelijk zijn beschadigd, en planten en dieren die een speciale verzorging nodig hebben.
Het voordeel van een fabrieksgarantie kan zijn dat deze langer dan zes maanden geldt.

Fabrieks- of verkopersgarantie

U kunt garantie van de fabriek of van de verkoper krijgen. Omdat u geen overeenkomst met de fabrikant heeft gesloten maar met de verkoper, heeft de fabrikant meer mogelijkheden dan de verkoper om aan de garantie allerlei voorwaarden en beperkingen te verbinden.
Het is bijvoorbeeld mogelijk dat u bij fabrieksgarantie wel arbeidsloon moet

betalen als een product met garantie moet worden gerepareerd. Zo'n bepaling vindt u terug in de garantievoorwaarden.
Voor kosten die niet door een fabrieksgarantie worden gedekt, moet u dan bij de verkoper zijn, want met hem heeft u wél een overeenkomst gesloten. Ga daarom bij problemen altijd eerst naar de verkoper.
Omdat het zo belangrijk is, benadrukken we nog een keer: u heeft wettelijk gezien altijd recht op een deugdelijk product. Aan dit recht kan de garantie die u bij aankoop van een product krijgt, nooit afbreuk doen. Al maakt u gebruik van de fabrieks- of verkopersgarantie, u behoudt uw wettelijke rechten.

Garantiewijzer

Op www.consumentenbond.nl/uwrecht_garantie staat de Garantiewijzer. Door de vragen te doorlopen, krijgt u snel uitsluitsel over uw recht op garantie. Leden vinden hier ook voorbeeldbrieven..

2.1d Flexibele prijs

Het komt voor: de prijs van een product dat u heeft besteld, blijkt bij de levering aanzienlijk hoger te zijn. Of lager: het kan opeens in de uitverkoop zijn gegaan. Welke prijs geldt dan? In principe bent u de prijs verschuldigd die gold op het moment waarop u de overeenkomst heeft gesloten.
Er zijn uitzonderingen. Als de koopprijs wegens verhoging van de btw of een andere wettelijke maatregel stijgt, moet de verkoper zich aan de wet houden en moet u deze hogere prijs betalen.
Bij pakketreizen mag de aanbieder op basis van artikel 4 van de ANVR-voorwaarden de prijs na boeking verhogen wanneer de vervoerskosten (brandstofprijzen) zijn gestegen.
Voor prijsverhogingen geldt in het algemeen: als in de algemene voorwaarden staat dat de verkoper de prijs mag verhogen en hij dit ook daadwerkelijk doet, heeft de koper het recht de koop te ontbinden, tenzij ze hebben afgesproken dat de aflevering langer dan drie maanden na aankoop plaatsvindt.

2.2 Ondeugdelijk product

Bij de aankoop van een product kan er van alles mis gaan: het product doet het niet of het wordt te laat bezorgd.

2.2a Hij doet het niet!

Hoe kunt u het best reageren als een product niet aan uw verwachtingen voldoet?

- Ga eerst na of de klacht door uw toedoen is ontstaan. Als u uw camera heeft laten vallen en hij is stuk, kunt u de winkelier natuurlijk niet aansprakelijk stellen.
- Bestudeer de koopovereenkomst, algemene voorwaarden of garantiebepalingen. Inventariseer welke afspraken u heeft gemaakt met de verkoper en bepaal of uw klacht gegrond is.
- Zet op een rijtje wat uw klacht precies inhoudt. Bijvoorbeeld: het apparaat werkt niet of niet goed, is beschadigd, vertoont schoonheidsfouten, is niet compleet, werkt niet zoals de verkoper heeft toegezegd of zoals is beloofd in de reclame.
- Bedenk welke oplossing u wilt voor het probleem. In de eerste plaats kunt u kiezen voor:
  - herstel, ofwel reparatie van het product;
  - vervanging, u krijgt een nieuw product;
  - nalevering van ontbrekende onderdelen.

  Uw keuze kan echter worden beperkt: als herstel simpeler en goedkoper is, mag de winkelier daarvoor kiezen in plaats van het product te vervangen.

  Als herstel of vervanging niet mogelijk is, mag u eventueel kiezen voor prijsvermindering of ontbinding van de overeenkomst. Zie ook hierna.
- Neem vervolgens zo snel mogelijk contact op met de winkel waar u het product heeft gekocht. Volg daarbij de klachtenprocedure van het bedrijf. U moet de winkelier namelijk altijd de kans geven het probleem op te lossen. Volgens de wet bent u op tijd als u binnen twee maanden nadat u het gebrek heeft ontdekt, contact opneemt. Leg uw klacht voor aan de winkelier en stel de door u gewenste oplossing voor (u kunt vragen om herstel, vervanging of levering van het ontbrekende of gebrekkige deel van het product). U spreekt de verkoper hiermee aan op zijn verplichting een deugdelijk product te leveren. De wet zegt dat de verkoper die verplichting binnen een redelijke termijn moet nakomen, zonder ernstige overlast en zonder kosten voor de koper. Welke termijn redelijk is, hangt af van de situatie. Wees duidelijk over uw klacht en laat u niet intimideren of afschepen.
- Vraag bedenktijd als u twijfelt over de geboden oplossing.
- Komt de aanbieder niet binnen een redelijke termijn met een (bevredi-

gende) oplossing, stuur hem dan een brief of e-mail waarin u de klacht en gewenste oplossing opnieuw voorlegt. Zie ook het kader 'Dit moet in uw brief'. Gebruik niet het contactformulier op de website van de aanbieder, maar stuur zelf een e-mail en sla het verzonden bericht in een aparte map op. Meld dat u binnen twee tot drie weken een schriftelijke reactie en een voorstel voor de oplossing verwacht. Laat weten welke vervolgstappen u zult ondernemen als het probleem niet (voldoende) wordt opgelost. Verwijs naar eerdere gesprekken of brieven en noem de naam van de medewerker, de datum en de toezeggingen die toen zijn gedaan.

- Is het financiële belang groot, of twijfelt u eraan of men uw brief wel wil ontvangen, verstuur deze dan aangetekend met ontvangstbevestiging. U kunt de brief natuurlijk ook bij de afdeling Klantenservice of bij de kassa afgeven en daar voor ontvangst laten tekenen. Dat is goedkoper.
- Stuur geen originele bewijzen mee, maar kopieën.

Dit moet in uw brief

Een goede brief is kort en zakelijk en bevat in elk geval:

- een beschrijving van uw klacht;
- de oplossing die u wenst;
- de termijn waarbinnen u een reactie verwacht of waarbinnen u herstel, terugbetaling of schadevergoeding verwacht.

Bij een uitblijvende reactie kan een tweede brief met een hardere toon wellicht helpen. In een tweede brief kunt u bijvoorbeeld aangeven dat u overweegt naar een geschillencommissie te gaan (als de verkoper daar tenminste bij is aangesloten) of andere juridische stappen te ondernemen.

- Maak kopieën van alle correspondentie over een klacht.
- Reageert de verkoper niet binnen de termijn die u in de schriftelijke herinnering als ultimatum heeft gesteld, dan kunt u overwegen een brief te schrijven met een hardere insteek. U kunt daarin beroep doen op het recht op ontbinding van de overeenkomst.

  Reageert de verkoper wel, maar komt hij niet met een (bevredigende) oplossing, probeer dan te onderhandelen. Het bespaart tijd en wellicht geld als u er samen uitkomt. Let op dat deze fase niet te lang duurt, met het oog op vervolgprocedures.

- Bewaar bewijsstukken, zoals rekeningoverzichten, verzend- en betaalbewijzen minstens vijf jaar.
- Probeer niet boos te worden; met overleg bereikt u meestal meer.

TIP

Goed bewaren

Berg aankoopbewijzen, contracten en bijhorende informatie zoals garantievoorwaarden goed op. Dat voorkomt bewijsproblemen mocht het tot een geschil komen.
Kassabonnen kunnen in de loop der tijd verkleuren of verbleken. Hierdoor worden ze onleesbaar. Maak daarom kopieën.
Laat toezeggingen die tijdens de verkoop worden gedaan zwart op wit zetten en bewaar die informatie.
Neem iemand mee bij een aanschaf. Die kan later als getuige optreden.

Herstel of vervanging

Bij een ondeugdelijk product moet het apparaat kosteloos worden gerepareerd of worden vervangen. Hoe sneller een gebrek zich voordoet, des te meer recht u daar op heeft.
De wettelijke regels veronderstellen bovendien dat een gebrek dat zich binnen zes maanden voordoet, er al was toen u het product kocht. U hoeft binnen die termijn dus niet te bewijzen dat het om een fabrieksfout gaat. Na zes maanden geldt dit 'wettelijke bewijsvermoeden' niet meer en moet u kunnen aantonen dat u het apparaat normaal heeft gebruikt en dat het desondanks is stukgegaan. Meestal zult u de voorkeur aan een nieuw apparaat geven. Maar de verkoper mag voor reparatie kiezen als vervanging veel duurder is dan herstel, en ook als het gebrek makkelijk te repareren is.
De kans bestaat dat de reparatie van een product u veel overlast bezorgt. Denk aan een koelkast die u een tijdje moet missen. De verkoper is volgens de wet verplicht tot nakoming 'zonder ernstige overlast'. Hij kan de overlast voor u beperken door u bijvoorbeeld gratis een leenexemplaar aan te bieden of door de reparatie met spoed uit te voeren.

Niet te vervangen of te repareren

Als een product niet te vervangen en ook niet te repareren is, mag u de overeenkomst ontbinden. Dat wil zeggen dat u allebei uw verplichtingen ongedaan maakt. U geeft het product terug of stelt de verkoper in de gele-

genheid het te komen ophalen, en hij geeft u uw geld terug. U hoeft geen genoegen te nemen met een tegoedbon.
Let op: u kunt een overeenkomst alleen ontbinden als:

- u de verkoper eerst de gelegenheid heeft geboden het product te herstellen of te vervangen en hij dat niet binnen een redelijke termijn doet (niet willen of niet kunnen maakt niet uit);
- het product na herhaalde herstelpogingen nog steeds niet werkt;
- als het om een klacht van 'niet geringe' betekenis gaat.

Ontbinden mag u volgens de wet dus ook als de verkoper van mening is dat hij helemaal geen verplichtingen hoeft na te komen en hij dus niet aan een oplossing van uw klacht wil meewerken.
U deelt de verkoper mee (bij voorkeur schriftelijk) dat u wilt overgaan tot ontbinding van de overeenkomst wegens het uitblijven van herstel of vervanging. En dat u uw geld terug wilt. In de praktijk zal een verkoper daar niet altijd mee akkoord gaan. In dat geval zult u naar de geschillencommissie moeten, of naar de rechter als er geen geschillencommissie is.

STEKELIGHEID

Geen reparatie

De tweeënhalf jaar oude Xbox van de familie Veerbeek uit Vlaardingen gaat kapot. Na contact met verkoper Bol.com stuurt de heer Veerbeek het apparaat op voor reparatie, maar het komt ongerepareerd retour, 'omdat de garantietermijn verstreken is'.
Hij stuurt het nog drie keer op, maar een reparatie zit er niet in. Veerbeek wijst Bol.com er terecht op dat hij een deugdelijk product mag verwachten, en dat hij met een defect ook na de garantietermijn bij Bol.com moet kunnen aankloppen. Bol.com meldt dat het voor gebreken na de garantietermijn altijd doorverwijst naar Microsoft.
Pas als de Consumentenbond Bol.com benadert, komen er excuses. Veerbeek mag het apparaat nog eens opsturen. Maar ondertussen heeft hij het zelf al door Microsoft laten repareren.
Stekeligheden, Consumentengids november 2010

Deel van de koopsom inhouden

Als u een ondeugdelijk product nog niet of niet volledig heeft betaald en de winkelier is niet genegen iets met uw klacht te doen, kunt u een deel van het aankoopbedrag inhouden om de druk te verhogen. Het ingehouden deel moet wel in verhouding staan tot de aard en de ernst van de klacht en u moet de winkelier schriftelijk laten weten dat u het resterende deel van de koopsom zult betalen zodra hij aan zijn verplichting tot levering van een deugdelijk product voldoet.

TIP

Trek snel aan de bel

Als een artikel een mankement vertoont, meld dit dan zo snel mogelijk en in ieder geval binnen twee maanden nadat u het defect heeft ontdekt. De wet beschouwt die twee maanden namelijk nog als 'tijdig'.

Prijsvermindering

Uw nieuwe bankstel vertoont aan de achterkant een paar flinke weeffouten. De verkoper heeft u een nieuwe bank aangeboden, maar die is helaas niet meer leverbaar.

Wat te doen als herstel of vervanging niet mogelijk is, maar de klacht niet ernstig genoeg is om de overeenkomst te mogen ontbinden? Om op het voorbeeld van de zitbank terug te komen: de weeffouten zitten niet in het zicht en u kunt goed op de bank zitten, dus hij is op zichzelf wel deugdelijk. Volgens een van de regels rond de consumentenkoop kunt u de koopovereenkomst nu wel gedeeltelijk ontbinden. Dat wil zeggen dat u een deel van uw geld terugkrijgt; een soort korting dus.

U deelt de verkoper mee dat u vanwege uw klacht prijsvermindering wilt. Meestal zal hij daarmee wel instemmen omdat het voor hem een relatief makkelijke en goedkope oplossing is.

Als u het niet eens kunt worden over het kortingsbedrag, kunt u overwegen een onafhankelijke deskundige voor advies in te schakelen. U moet dan wel samen afspreken wie die deskundige is, bijvoorbeeld een verkoper uit dezelfde branche. U kunt ook de brancheorganisatie om advies vragen. Bedenk dat een deskundige zijn advies niet altijd gratis geeft. U kunt met de winkelier afspreken dat de kosten voor rekening komen van degene die ongelijk krijgt. Als het product ondeugdelijk blijkt te zijn, betaalt de verkoper de kosten van de deskundige. Als u ongelijk krijgt, draait u daarvoor op. Als de verkoper niet akkoord gaat met uw verzoek een derde te laten oordelen, kan dat een teken zijn dat hij niet zo zeker is van zijn zaak. Laat dan toch een deskundige uw klacht bekijken en zijn bevindingen op papier zetten. U staat dan sterker als u de verkoper probeert te overtuigen of als u de overeenkomst wilt ontbinden. U kunt in dat geval ook overwegen – als dat kan – een geschillencommissie in te schakelen. Die commissie stuurt dan zelf een deskundige. Dat kost u niets. U bent hoogstens uw klachtengeld kwijt als uw klacht onterecht is.

Vergoeding bij vervanging

Wat te doen als een product het na langere tijd laat afweten? Een heleboel mensen weten niet dat je van een televisie mag verwachten dat hij bij normaal gebruik langer dan drie jaar meegaat. Als bijvoorbeeld uw televisie het na drie jaar laat afweten, heeft u dus nog rechten.

Uitgangspunt van de wet is dat u bij een ondeugdelijk product recht heeft op kosteloos herstel of vervanging. De keus is hierbij aan de winkelier. Kiest hij voor vervanging, dan is het redelijk dat u voor de periode dat u de televisie zonder problemen heeft kunnen gebruiken, een gebruiksvergoeding betaalt. U moet wel teruggaan naar de winkel waar u de tv gekocht heeft, liefst met de aankoopbon. Vertel dat u ook na drie jaar nog recht heeft op een deugdelijk apparaat. De verkoper kan bij de fabrikant of importeur navragen wat de levensduur van de tv is. Dat kunt u eventueel ook zelf doen (noteer altijd de naam van degene die u gesproken heeft).

Die levensduur speelt een rol bij het vaststellen van de hoogte van uw gebruiksvergoeding. Is de levensduur bijvoorbeeld tien jaar, dan betaalt u als gebruiksvergoeding 3/10 deel van het oorspronkelijke aankoopbedrag. U krijgt immers weer een nieuwe televisie. Zie ook tabel 1 bij par. 2.1a.

Vergoeding bij reparatie

Uw wasmachine begeeft het na vier jaar. U neemt contact op met de winkel waar u de wasmachine gekocht heeft. De monteur die bij u langskomt, vertelt dat hij de machine kan repareren, maar dat de reparatie wel een paar honderd euro gaat kosten. Wat zijn in deze situatie uw rechten?

Als u de wasmachine lange tijd op een normale manier heeft kunnen gebruiken en de levensduur van de wasmachine door de reparatie verlengd wordt, is het redelijk dat u een deel van de reparatiekosten betaalt. Heeft de wasmachine volgens de fabrikant een economische levensduur van acht jaar, dan betaalt u na vier jaar dus de helft van de reparatiekosten.

Ook als het gebrek (gedeeltelijk) door u veroorzaakt is – bijvoorbeeld omdat de wasmachine niet helemaal waterpas stond, u hem extreem vaak gebruikte of vergeten bent het zeefje regelmatig schoon te maken – is het redelijk (een deel van) de reparatiekosten te betalen.

Onderhoudskosten vanwege normale slijtage maken een product niet ondeugdelijk; die komen gewoon voor uw rekening.
Alleen als u niets te verwijten valt, als u het gebrek niet op deze termijn had mogen verwachten en een reparatie de levensduur van het product niet verlengt, heeft u een ondeugdelijk product gekregen en mag u daarom van de verkoper verwachten dat hij de machine kosteloos voor u repareert. U hoeft dan ook geen bijkomende kosten voor onderzoek, voorrijden of transport te betalen.
Tot zover de theorie. In de praktijk zal het niet altijd meevallen de verkoper van uw gelijk te overtuigen. Omdat er al meer dan zes maanden na de aankoop zijn verstreken, ligt de bewijslast bij u. U zult moeten aantonen dat de wasmachine ondeugdelijk is en dat het defect niet is veroorzaakt door de manier waarop u de machine heeft gebruikt.
U kunt de fabrikant of importeur raadplegen om erachter te komen wat de mogelijke oorzaak van het gebrek is. Ook kunt u overwegen een geschillencommissie in te schakelen. Al met al is dit niet simpel.
Een wat praktischer optie is om voor vervanging te kiezen met bijbetaling van een gebruiksvergoeding. Een verkoper zal daar sneller mee instemmen.

Garantie
Misschien heeft u garantie op het ondeugdelijke product gekregen. Misschien, want in par. 2.1c heeft u kunnen lezen dat garantie geen recht is, maar een tegemoetkoming van de fabrikant of de verkoper. Als de garantietermijn nog niet is verlopen, heeft u het voordeel van de omgekeerde bewijslast. Dat betekent dat u bij uw wettelijk recht op ruilen of repareren niet hoeft te bewijzen dat het gebrek niet door uw toedoen is veroorzaakt.
Gaat het om een garantie van de verkoper, spreek hem daarop dan aan. Controleer eerst goed wat de garantievoorwaarden precies inhouden en welke beperkingen ze eventueel kennen. Zoals we in par. 2.1c beschreven, mag een garantie uw wettelijke rechten als consument nooit inperken en mogen er geen onredelijke voorwaarden aan verbonden zijn.
Is de garantie door de fabrikant afgegeven, dan is de verkoper toch de eerst aangewezene om te benaderen. Immers, u heeft met de verkoper een koopovereenkomst gesloten.
De wettelijke regels over de consumentenkoop geven u het recht op een deugdelijk product en daarvan kan de verkoper niet afwijken. Met de fabrikant heeft u geen koopovereenkomst gesloten, dus die heeft in die zin geen verplichtingen. Zijn garantie kan u wel extra's bieden.

De verkoper moet ervoor zorgen dat het product naar de fabrikant wordt gestuurd en door hem wordt hersteld of vervangen. Als daaraan volgens de garantievoorwaarden kosten zijn verbonden, mag de verkoper zich niet achter de fabrikant verschuilen en moet hij deze kosten vergoeden. Een verkoper hoort zich niet als 'doorgeefluik' van de fabrikant op te stellen.

Kijk verder dan de verkoper

Verkopers in grote winkelketens blijken vaak slecht op de hoogte te zijn van uw rechten. Als het niet lukt bij een klacht een verkoper van uw rechten te overtuigen, schrijf dan een brief naar de Klantenservice van het bedrijf of naar de afdeling Consumentenzaken van de Juridische Dienst van het bedrijf. Die kennen de wettelijke regels wel.

Ruilen

Over het ruilen van producten bestaan veel misverstanden bij consumenten en verkopers. Het ruilen van goederen waar niets mis mee is, maar die u bij nader inzien niet mooi vindt, is geen recht, maar een gunst die een winkelier verleent. Hij kan aan het ruilen dus voorwaarden verbinden. Zo kunt u vaak alleen ruilen als de spullen nog ongebruikt en onbeschadigd zijn, en slechts binnen een bepaalde termijn.
Als u geen vervangend product naar uw smaak kunt vinden, krijgt u soms een tegoedbon, die u zult moeten accepteren.
Grote winkelbedrijven gaan in hun service soms verder en geven u het aankoopbedrag terug als u het artikel binnen een daarvoor geldende termijn terugbrengt.
Het wordt een ander verhaal als u een product koopt dat niet blijkt te deugen. Is een product ondeugdelijk, dan gelden gewoon uw wettelijke rechten op herstel, vervanging of eventueel ontbinding van de koop. U hoeft dan nooit genoegen te nemen met een tegoedbon.

2.2b Schade door ondeugdelijk product

Een gebrekkig product of een verkeerde installatie ervan is niet alleen vervelend, maar kan ook voor schade zorgen. Wat kunt u dan het best doen? Als de verkoper het product heeft geïnstalleerd of heeft laten installeren, is hij aansprakelijk voor de schade. Neem contact met hem op en vertel wat er aan de hand is. Stuur hem vervolgens een brief waarin u uw klacht be-

Hoe vorder ik schadevergoeding?

- Stel de ondernemer in gebreke door hem per brief te verplichten de overeenkomst na te komen. Zet er een redelijke termijn in. Op www.consuwijzer.nl staan voorbeeldbrieven.
- Schort als het kan (een deel van) de betaling op totdat de ondernemer zijn plicht is nagekomen. Laat de ondernemer dit ook weten en zeg dat u het restant zult voldoen zodra hij geleverd heeft.
- Komt de ondernemer zijn verplichtingen niet na, eis dan schadevergoeding en ontbind eventueel de overeenkomst.
- Komt u er met de ondernemer niet uit, schakel dan een geschillencommissie in (www.degeschillencommissie.nl), de rechtsbijstandsverzekering, het Juridisch Loket (www.juridischloket.nl) of de rechter.
- U bent verplicht de schade zo veel mogelijk te beperken.

vestigt, hem aansprakelijk stelt voor de schade en meldt dat u daarvoor een vergoeding wilt.

Maak de kosten die u heeft moeten maken om alles in de oude staat te herstellen aannemelijk door (afschriften van) rekeningen of offertes mee te sturen. U kunt ook uw eigen verzekering inschakelen om een schaderapport te maken.

Verder kunt u de verkoper aansprakelijk stellen voor andere, bijkomende kosten. Stel dat de wasmachine uw kleren heeft vernield. Naast de vergoeding van de kleren heeft u ook recht op vergoeding van de kosten van de wasserette, omdat u zonder wasmachine zat. U moet dan wel kunnen bewijzen dat u die kosten heeft gemaakt. Bewaar daarom de kassabonnen van de wasserette.

Overigens moet u wel uw best doen de omvang van de schade zo beperkt mogelijk te houden. Is uw kookplaat bij normaal gebruik na anderhalf jaar helemaal op en duurt de vervanging vier weken, dan kunt u de winkelier aansprakelijk stellen voor redelijke kosten die u moet maken omdat u niet in staat bent een behoorlijke maaltijd te koken. U zult begrijpen dat diners in tweesterrenrestaurants niet onder de noemer redelijke kosten vallen.

Ook als u schade lijdt doordat u een product zelf heeft geïnstalleerd en de schade te wijten is aan ondeugdelijke installatievoorschriften, kunt u de verkoper hierop aanspreken.

Veiling

Voor een product dat u op een veiling koopt, gelden dezelfde regels als voor producten die u in een winkel koopt. Deze regels zijn ook van toepassing als u een product in opdracht laat maken, zoals een maatpak of een speciale kast.

2.2c Schade door onveilig product

Schade kan ook ontstaan door een onveilig product. Denk aan een lekkende babykruik die een brandwond veroorzaakt, een ontploffende snelkookpan die een ravage in uw keuken aanricht of een wasdroger die in de brand vliegt waardoor uw kleren verbranden.

Voor deze schade gelden andere regels. Blijft de schade die wordt veroorzaakt door een onveilig product beperkt tot €500, dan moet u de verkoper aanspreken. Voor grotere schade of schade in de vorm van persoonlijk letsel moet u bij de fabrikant zijn. Voor de vergoeding van het kapotte, onveilige product zelf moet u weer bij de verkoper aankloppen.

Onveilig product?

Vragen of klachten over de veiligheid van producten of voeding kunt u stellen bij de Voedsel en Waren Autoriteit (zie www.vwa.nl).

2.2d Te laat bezorgd

Soms kunt u uw aankoop niet direct meenemen. De overeenkomst is gesloten, maar u kunt nog niet over het product beschikken omdat er een levertijd geldt. Wat als de winkelier zich niet aan die levertijd houdt?

Welke rechten u dan heeft, hangt af van de vraag of u een exacte of een vermoedelijke levertijd heeft afgesproken. Van beide volgt hier een voorbeeld.

- U koopt een bed en spreekt met de woninginrichter af dat het over ongeveer vier weken wordt geleverd. Hier is sprake van een *vermoedelijke* levertijd. Als deze termijn is verstreken, moet u de woninginrichter alsnog in de gelegenheid stellen het bed binnen een redelijke, exacte, termijn te leveren. Leg dit schriftelijk vast om bewijsproblemen achteraf te voorkomen. Is de tweede termijn verstreken en heeft de woninginrichter het bed nog steeds niet geleverd, dan is hij 'in verzuim'. U kunt nog latere levering van het bed weigeren en de woninginrichter aansprakelijk stellen voor daaruit voortvloeiende (en aantoonbare) schade. U kunt de koop dan ontbinden. Het bedrag dat u (aan)betaald heeft, moet op uw rekening worden teruggestort. U kunt ook overwegen akkoord te gaan met een nog latere levering en daarvoor een korting proberen te bedingen.

- U koopt een beamer die niet uit voorraad leverbaar is en spreekt met de winkelier af dat hij op 15 november 2011 wordt geleverd omdat u dan een belangrijke presentatie moet houden. Hier gaat het om een *exacte* levertijd; de datum ligt vast.

  Wordt de beamer niet op 15 november geleverd, dan is de verkoper direct in verzuim. Met andere woorden: u hoeft hem geen gelegenheid meer te geven binnen een redelijke termijn alsnog aan zijn leveringsplicht te voldoen. U hoeft de beamer niet meer af te nemen en u kunt de winkel aansprakelijk stellen voor aantoonbare schade die u door zijn tekortkoming lijdt, bijvoorbeeld de huur van een vervangende beamer. U heeft wel de plicht om de schade zo veel mogelijk te beperken.

STEKELIGHEID

Prijzencircus

'Every day different prices' zou een passende slogan zijn voor BCC. Tijdens een actie verkoopt de elektronicawinkel een laptop voor €599 die daarna als basisprijs €695 heeft. Niet veel later start BCC weer een actie met hetzelfde model. Het komt in de uitverkoop want het gaat om het laatste exemplaar. 'Nu van €799 voor €695!'

De heer Smit uit Zeist vindt het klantbedriegerij. 'Mooi vriendenprijsje. Het gaat om een verouderd model dat bovendien een showroommodel is.' BCC laat weten dat prijzen nou eenmaal veranderen, maar voelt zich toch geroepen om het goed te maken: Smit krijgt een cadeaubon van €25 en 15% korting op de prijs van €695.

Stekeligheden, Consumentengids mei 2011

2.3 Koop op afstand

In de Wet koop op afstand zijn regels opgenomen die onder andere toezien op de aankopen die een consument doet via internet, en ook via de televisie of bij een postorderbedrijf. Kortom, voor alle aankopen waarbij u geen

rechtstreeks persoonlijk contact met de verkoper kunt hebben (als u telefonisch iets bij een gewone winkel bestelt, valt dat dus niet onder kopen op afstand, want u kunt wel naar die winkel gaan).
Overigens gelden voor een aankoop via internet dezelfde regels als voor een gewone koop in de winkel. Dat betekent dat u recht heeft op goede producten en diensten. Uw aankopen moeten voldoen aan de verwachtingen die u ervan mag hebben. Is dat niet het geval, dan kunt u de leverancier daarop aanspreken. Hij moet voor goede producten of diensten zorgen, dat staat in de wet. U mag een ondeugdelijk product dus terugsturen; de verzendkosten zijn voor rekening van de leverancier.

2.3a Bedenktijd

De belangrijkste regel bij kopen op afstand is dat u als consument bedenktijd heeft, ook wel 'afkoelingsperiode' genoemd. Over het algemeen is dat zeven werkdagen, beginnend op de dag nadat u het product heeft ontvangen (zaterdagen, zondagen en erkende feestdagen dus niet meegeteld).
Soms geeft een verkoper meer bedenktijd. Dan moet hij natuurlijk ook vermelden hoelang dat is en tot welke datum u bedenktijd heeft. Bij dienstverlening gaat de bedenktijd in vanaf het sluiten van de overeenkomst.
Verder heeft de verkoper de plicht u te informeren:

STEKELIGHEID

Vier maanden later

Met een levertijd van drie dagen bestelt de heer Dorresteijn uit Ederveen in augustus een radiografisch bestuurbare helikopter bij kadoshop.nu. Drie dagen later geen helikopter. Twee dagen daarna wel, maar die doet het niet. Dorresteijn kan hem terugsturen voor reparatie of vervanging. Een week later: geen helikopter. Anderhalve maand later ook niet. Dorresteijn reclameert diverse keren en uiteindelijk vraagt kadoshop.nu de 'track en trace'-code, om na te kunnen gaan waar het bij de verzending is misgegaan.
'Ik heb de code gemaild, maar niets meer gehoord', schrijft Dorresteijn vier maanden na de bestelling aan Stekeligheden. De Consumentenbond neemt contact op met kadoshop.nu en hup: Dorresteijn krijgt meteen een nieuwe helikopter plus wat extra's ter compensatie. En in de hoop een stekeligheid te voorkomen. Maar zo gemakkelijk gaat dat niet, kadoshop.nu!
Stekeligheden, Consumentengids maart 2011

- waar u eventueel terecht kunt: het bezoekadres (hij mag u dus geen postbusnummer geven);
- wat de garantie inhoudt, hoe de serviceverlening verloopt en eventueel het telefoonnummer van een helpdesk;
- op welke manier u gebruik kunt maken van uw recht op bedenktijd;
- dat een eventuele financieringsovereenkomst die aan de koop van het product is gekoppeld, automatisch wordt ontbonden als u de koopovereenkomst ontbindt.

Als de verkoper u niet over deze zaken informeert, wordt uw bedenktijd automatisch verlengd tot drie maanden, tenzij de verkoper u alsnog correct informeert. Dan gaat normaal gesproken vanaf dat moment de bedenktijd van zeven werkdagen in.
Tijdens de bedenktijd heeft u het recht het product zonder opgaaf van redenen terug te sturen, ook als het voldoet. Voorwaarde is dat u het niet heeft gebruikt. De kosten van retourneren zijn voor de koper. U betaalt maximaal de kosten die met het terugsturen gemoeid zijn, en niet meer. Bewaar het bewijs van verzending.
Let goed op: u heeft niet in alle gevallen een bedenktijd (zie hierna).
Als u van uw retourrecht gebruikmaakt, moet de verkoper het door u betaalde bedrag uiterlijk binnen 30 dagen terugbetalen.

Uitzonderingen op de bedenktijd
De belangrijkste situaties waarin u géén recht op bedenktijd heeft, zijn:
- reserveringen van reizen, hotels, vervoer, restaurants en vrijetijdsbeste-

Let op bij retourneren

Als u een product binnen de bedenktijd terugstuurt, is het goed te weten dat het risico van het terugsturen bij u ligt. Daarom kunt u een kostbaar product het best aangetekend, eventueel zelfs verzekerd, retourneren. Een goed bewijsmiddel is een bewijs van verzending van het postkantoor of een ander document van een koeriersdienst. Meestal staat in de algemene voorwaarden hoe u producten moet retourneren.
Veel bedrijven hebben eigen bezorgdiensten en halen zelf hun spullen terug. Vanaf dat moment draagt de verkoper het risico weer.
Voor kostbare en kwetsbare spullen gelden soms speciale regels. Informeer daarnaar als dit aan de orde is.

Keurmerk Thuiswinkelwaarborg

U geniet extra bescherming als u koopt bij een winkel die het Thuiswinkelwaarborg voert. Postorderbedrijven en internetwinkels met dit keurmerk, houden zich aan de Algemene Voorwaarden van de Nederlandse Thuiswinkel Organisatie. Deze zijn opgesteld in samenwerking met de Consumentenbond. De voorwaarden zijn conform de wettelijke regels en regelen uw rechten en plichten op een redelijke en voor de consument betrouwbare manier. De volledige tekst van deze voorwaarden vindt u op www.thuiswinkel.org. Een belangrijk voordeel is dat u een klacht die u niet samen met de leverancier weet op te lossen, kunt voorleggen aan de Geschillencommissie Thuiswinkel, onderdeel van De Geschillencommissie (zie Adressen).

ding (bijvoorbeeld de bioscoop) als die dienst is afgesproken op een bepaalde datum of tijdens een bepaalde periode;
- koop van aandelen en opties;
- koop van financiële diensten;
- koop van producten die zijn gemaakt aan de hand van specificaties van de consument (bijvoorbeeld een maatpak);
- koop van producten van persoonlijke aard (denk aan een voor u uitgezochte stamboom);
- koop van producten die snel kunnen bederven (denk aan een taart of gebak) of verouderen;
- koop van cd's, cd-roms en videobanden waarvan de verzegeling door de consument is verbroken;
- koop van kranten en tijdschriften;
- sluiting van een dienst waarmee de verkoper met uw instemming is begonnen voordat de afkoelingsperiode is verstreken;
- deelname aan weddenschappen en loterijen.

2.4 Uw rechten bij kopen over de grens

Hoe zit het met uw rechten als u via internet een product in een ander land dan Nederland koopt?

2.4a EU-land

Binnen de EU-landen geldt de EU-richtlijn voor koop op afstand. De Nederlandse Wet koop op afstand is hierop gebaseerd. Die richtlijn spreekt onder meer van een minimumbedenktijd van 7 werkdagen, maar landen mogen hiervan afwijken, mits het om een langere termijn gaat. Zo kent Duitsland een bedenktijd van 14 dagen (diezelfde termijn houden overigens ook de Nederlandse leden van de Thuiswinkelwaarborg aan). Ook qua garantie en op het terrein van de wettelijke regels voor de consumentenkoop zijn er verschillen.
We bespreken de regels zoals ze anno juli 2011 gelden. Over enige tijd worden namelijk nieuwe richtlijnen van kracht; zie het kader 'Nieuwe richtlijnen koop op afstand en colportage' op pag. 46.
Er geldt tussen partijen vrije rechtskeuze. Dat betekent dat partijen vrij kunnen overeenkomen welk recht op hun overeenkomst van toepassing is. Dit kan het recht zijn van het land van de koper, het recht van het land van de verkoper of het recht van een derde land. In de praktijk zal de verkoper in zijn algemene voorwaarden aangeven dat het recht van zijn land van toepassing is. Dat is een rechtskeuze, omdat de consument de algemene voorwaarden heeft geaccepteerd.
Als er geen rechtskeuze gemaakt is in de koopovereenkomst, zal in beginsel het recht van het land van de verkoper van toepassing zijn. Dat recht mag geen afbreuk doen aan de bescherming die de Nederlandse wettelijke regels bieden. Komt u er met de leverancier niet uit en helpt ook bemiddeling van het Europees Consumenten Centrum (ECC, zie verderop onder 'Stappenplan bij een klacht') niet en wilt u deze regels afdwingen, dan zult u naar de rechter moeten.
Bij welke rechter moet u dan aankloppen? In het algemeen geldt dat u als eiser mag kiezen: u kunt een procedure instellen in uw woonplaats of in de lidstaat waar de verweerder ongeacht zijn nationaliteit gevestigd is.
Een praktijkvoorbeeld. U heeft bij een Duitse webwinkel een product gekocht dat niet wordt geleverd terwijl u al een deel heeft betaald. De webwinkel zegt het product wel te hebben verstuurd en wil daarom geen geld teruggeven. U moet dan in de algemene voorwaarden kijken of de webwinkel heeft aangegeven welk landrecht van toepassing is. Heeft hij dat niet gedaan, dan geldt het recht van het land waar de webwinkel gevestigd is, in dit geval Duitsland. Dit betekent dat alle wetgeving met betrekking tot de koop onder het Duitse recht valt.
Als u een rechterlijke procedure wilt starten tegen de Duitse webwinkel en

het om een vordering gaat die niet meer kost dan €2000, kunt u een rechterlijke procedure in uw eigen woonplaats starten zonder tussenkomst van een advocaat. U doet dit via een standaardformulier (te verkrijgen via http://ec.europa.eu/justice_home/judicialatlascivil/html/sc_filling_nl_nl.htm) dat u indient bij het kantongerecht van uw woonplaats. De Nederlandse rechter doet dan een uitspraak. De enige kosten die u maakt zijn griffierechten en de kosten van eventuele vertalingen. Ligt de vordering boven de €2000, dan moet u die indienen via een Nederlandse advocaat bij de Nederlandse rechtbank.

Stijgend aantal klachten

Het Nederlandse ECC heeft samen met ECC's uit andere lidstaten een rapport uitgebracht over consumentenklachten over internetaankopen in 2008-2009. De meeste klachten die de ECC's ontvingen binnen de EU gingen over de bezorging, gevolgd door klachten over een product/dienst en over contractvoorwaarden.

Over de volgende online gekochte productcategorieën zijn de meeste klachten ingebracht:

- elektronica (zoals audiovisuele producten, fotografie en computers, printers en software);
- recreatieproducten (zoals spelletjes, speelgoed, hobby, games, sport, kamperen), tuin (bijvoorbeeld tuinmeubels, planten) en huisdieren;
- recreatie en culturele diensten, zoals loterijen, sporten (paardrijden, dansen, skiën), bioscoop en rondleidingen;
- kleding;
- persoonlijke vervoermiddelen (zoals fietsen, motor-/bromfietsen en onderdelen).

Stappenplan bij een klacht

Probeer er altijd eerst uit te komen met de webwinkel zelf. Als dat niet lukt, ga dan bij het ECC te rade voor adviezen over te nemen stappen. Op de website van het ECC (www.consumenteninformatiepunt.nl) staat het volgende stappenplan.

STAP 1. Check of uw klacht onder het ECC valt. Het ECC kan uw klacht alleen behandelen als het gaat om een aankoop of bestelling die onder de Europese richtlijnen voor consumentenrecht valt. Dus bijvoorbeeld niet als u een huis koopt in een ander EU-land, of daar een medische behandeling ondergaat.

Nieuwe richtlijnen koop op afstand en colportage

Het Europees Parlement heeft op 23 juni ingestemd met wijzigingen voor de Richtlijn Consumentenrechten, waarmee het consumentenrecht voor online kopen en colportage (aan de deur én via de telefoon) in Europa op diverse punten wordt gelijkgetrokken. Als de Raad van Ministers in juli zijn goedkeuring verleent, worden de wijzigingen formeel in het najaar van 2011 van kracht. Ze gelden voor Nederlandse consumenten pas als ze zijn omgezet in nationale wetgeving; dat moet binnen twee jaar gebeuren.
Over het voorstel is langdurig onderhandeld. In eerste instantie dreigde het de consumentenbescherming in Nederland drastisch te beperken. De Consumentenbond heeft zich hard gemaakt om een achteruitgang van de consumentenbescherming te voorkomen. Met succes: we zijn van mening dat het voorstel nu vooral verbeteringen voor consumenten bevat.

De belangrijkste wijzigingen zijn:

- de consument krijgt in heel Europa 14 kalenderdagen na ontvangst van het product bedenktijd om de aankoop te annuleren/retourneren;
- als de aanbieder verzuimt om de consument vooraf duidelijk hierop te wijzen, wordt de bedenktijd automatisch verlengd tot een jaar;
- de bedenktijd gaat pas in als de goederen worden geleverd;
- leveranciers krijgen als de consument herroept maximaal twee weken om het aankoopbedrag te retourneren; eventuele verzendkosten zijn voor hun rekening tenzij vooraf duidelijk is gemaakt dat de consument die moet betalen;
- toeslagen voor het betalen met creditcard worden verboden als zij hoger zijn dan wat de leverancier daarvoor zelf kwijt is aan de creditcardorganisatie;
- bij alle aanbiedingen op internet moet een totaalprijs worden getoond, dus geen `verborgen' kosten meer;
- consumenten mogen niet in de val worden gelokt om te betalen voor zaken die op internet ogenschijnlijk `gratis' worden aangeboden, zoals horoscopen of recepten;
- het gebruik van vooraf ingevulde formulieren waarbij opties al zijn aangevinkt die de consument vrij zou moeten kunnen kiezen, wordt verboden.

Het Nederlandse ECC kan u onder meer helpen bij klachten:

- over een aankoop die u in een winkel in een ander EU-land heeft gedaan;
- over een aankoop of bestelling die u via internet gedaan heeft bij een webwinkel in een ander EU-land;
- over een pakketreis die u online of op een andere manier geboekt heeft bij een reisorganisatie in een ander EU-land.

  Let op: het ECC behandelt geen klachten van Nederlandse ingezetenen over aanbieders in Nederland. Voor meer informatie en eventueel advies kunt u terecht bij het Juridisch Loket, Consuwijzer en de Consumentenbond, zie par. 1.4a.

Twijfelt u of het ECC u kan helpen met uw klacht, bel dan eerst het ECC. Houd er ook rekening mee dat het ECC geen zaken met spoed kan behandelen. Verzoeken om bemiddeling worden afgehandeld in volgorde van binnenkomst. Dus als er een groot belang in het spel is, kan het verstandiger zijn direct andere (gerechtelijke) stappen te ondernemen. Is uw klacht wél iets voor het ECC, ga dan door naar STAP 2.

STAP 2. Leg uw klacht voor aan de ondernemer. Leg eerst uw klacht voor aan de winkel of de (reis)organisatie waar u iets gekocht of besteld heeft. Deze krijgt dan gelegenheid met een oplossing te komen. Het adres vindt u meestal in de algemene voorwaarden, op de koopovereenkomst of op de website van het bedrijf. U kunt zelf uw klacht in een brief schrijven, of gebruikmaken van het klachtenformulier. Maak daarvan een kopie en bewaar die. Stuur geen originele aankoopbonnen mee, maar kopieën. Geef het bedrijf vier weken de tijd om te reageren.
Wie in Nederland woont en een klacht over een aanbieder in een ander EU-land heeft, kan op de genoemde website klikken voor het klachtenformulier in het Engels en een vertaling in het Nederlands.

STAP 3. Reageert de leverancier of ondernemer niet binnen vier weken, of bent u het niet eens met zijn antwoord, dan kunt u het ECC inschakelen. Dat kan per brief of via het klachtenformulier op de website van het ECC. Daar vindt u ook een handleiding voor dit formulier.
Als u uw klacht liever in een brief formuleert, schets dan kort en bondig de voorgeschiedenis van uw klacht en welke oplossing u wenst.
Stuur met uw brief de volgende bijlagen mee:

- het door u ingevulde en ondertekende toestemmingsformulier; dat toestemmingsformulier en het privacyreglement kunt u op de site downloaden;

- een kopie van de door u aan de ondernemer verstuurde klachtbrief of het klachtenformulier;
- een kopie van de (koop- of reis)overeenkomst;
- een kopie van de algemene voorwaarden van de ondernemer;
- kopieën van eventuele overige correspondentie die u al met de ondernemer heeft gevoerd;
- kopieën van eventuele betalingsbewijzen (indien beschikbaar).

Zorg dat u van alle bijlagen het origineel zelf houdt. Stuur uw brief met bijlagen naar het EEC (Europees Consumenten Centrum, zie Adressen).

STAP 4. Wacht op bevestiging van het ECC. Het ECC bekijkt of uw klacht inderdaad in aanmerking komt voor verdere behandeling. Zo ja, dan ontvangt u een schriftelijke bevestiging. Het kan zijn dat het ECC u om aanvullende informatie vraagt. Deze moet u dan opsturen naar het ECC.

STAP 5. Uw klacht gaat naar het betreffende collega-ECC. Als het ECC alle benodigde informatie heeft ontvangen, wordt uw klachtendossier doorgestuurd naar het ECC in het EU-vestigingsland van de ondernemer of leverancier. Dit gaat op volgorde van binnenkomst. Het ECC in Nederland informeert u over het verloop van uw zaak.
De hulp van het ECC is kosteloos. Wel kunnen er kosten zijn als uw klacht door een collega-ECC wordt voorgelegd aan een geschillencommissie. Daarover informeert het ECC in Nederland u dan tijdig.

Of er een bevredigende oplossing komt voor uw klacht hangt af van uw rechten en plichten in de specifieke situatie. In veel gevallen is de tussenkomst van het ECC succesvol. Houd u er echter rekening mee dat het ECC niet meer kan doen dan buitengerechtelijk bemiddelen. Het kan dus niet namens u optreden. Levert de bemiddeling geen resultaat op, dan kunt u altijd zelf nog gerechtelijke stappen ondernemen. Daarvoor kunt u een beroep doen op uw rechtsbijstandverzekering of een advocaat inschakelen.

Nog meer advies
In Engeland is er Consumer Direct: een overheidsinstantie die algemene informatie en advies geeft aan consumenten (telefonisch of per email), www.consumerdirect.gov.uk.

Tips bij online kopen over de grens

Keuze van de onlinewinkel

- Lees de algemene en verkoopvoorwaarden van tevoren goed door om te controleren of u met een betrouwbare winkel te maken heeft. Een webwinkel is verplicht om een aantal gegevens vóór de bestelling te verstrekken, zoals de identiteit van de webwinkel, bezorgvoorwaarden en kosten, de wijze van betaling en het herroepingsrecht.
- Ga na van welk land het recht van toepassing is bij deze aanbieder.
- Kijk ook of er een *after sales*-service is, wat die inhoudt en wat de eventuele retourkosten zijn bij terugzending.
- Controleer wat de bezorg- en eventuele betaalkosten zijn. Laat u dus niet alleen leiden door de prijs van het product.
- Raadpleeg websites met prijsvergelijkingen en prijs*alerts* van het 'verkoop'land.
- Controleer of de onlinewinkel een fysiek adres, een e-mailadres en telefoonnummer heeft.

Bestellen en betalen

- Betaal bij voorkeur met een creditcard. Dit biedt extra bescherming. De creditcardmaatschappij, zoals Visa of MasterCard, verzekert alle aankopen, ook op internet. Hij kan namens u bij de aanbieder het betaalde geld terugvorderen als bijvoorbeeld het product niet is bezorgd.
- Voer een betaling alleen uit via een beveiligde pagina (SSL- of SET-codering), zodat u gegevens via een beveiligde verbinding doorstuurt. Controleer of het internetadres begint met 'https://www' en/of de betaalpagina een icoon van een slotje bevat.
- Zorg ervoor dat u altijd goed uitlogt na het plaatsen van de bestelling én betaling.
- Check altijd of u schriftelijk de volgens de wet vooraf verplichte informatie heeft ontvangen. Dit bepaalt de termijn waarin uw herroepingsrecht begint.

Bezorging van het product

- Bekijk altijd eerst de bezorgtijden en kosten voordat u iets bestelt.
- Check het pakketje bij de ontvangst altijd op schade voordat u ervoor tekent. Anders is het moeilijk te bewijzen hoe de schade is veroorzaakt. De aanbieder/webwinkel is verantwoordelijk voor het product tot aan de getekende ontvangst door de consument.
- Wilt u iets retour zenden, doe dat dan aangetekend. Als het geretourneerde product beschadigd of kwijtgeraakt is, kunt u de retourkosten niet bij de webwinkel verhalen, maar wel bij het bezorgbedrijf.

In Duitsland geven de Verbraucherzentralen tegen betaling advies aan consumenten, zie www.verbraucherzentralen.de.

Meer informatie

De *Geldgids* van juni 2011 geeft meer informatie over kopen in een EU-land, waarbij onder meer specifiek wordt ingegaan op Duitsland en Engeland.

2.4b Buiten de EU

Heeft u iets buiten de EU gekocht, dan mag de buitenlandse winkelier bepalen welk recht van toepassing is, maar dat mag geen afbreuk doen aan de bescherming van onze wettelijke regels. Wilt u deze regels afdwingen, dan zult u naar de rechter moeten.

2.5 Uw rechten bij colportage

In alle gevallen waarbij een verkoper het initiatief neemt en zichzelf uitnodigt – bijvoorbeeld als hij u een product aan de deur verkoopt of op een besloten verkoopdemonstratie (aan huis) – is sprake van colportage en geldt de Colportagewet.

Hier volgen enkele belangrijke punten uit de Colportagewet.

- Een colporteur is verplicht aan te geven dat zijn werkzaamheden gericht zijn op verkoop van een product, dienst of goederenkrediet. Iemand die bij u aan de deur een enquête afneemt, mag u niet onder dat mom ook iets verkopen.
- Bij een aankoop vanaf €34 heeft u een bedenktijd van acht dagen volgend op de dag dat het contract is ontvangen. Deelt u de colporteur (of de organisatie waarvoor hij werkt) binnen deze termijn mee dat u afziet van de koop, dan is dat uw goed recht. Ook moet de colporteur vanaf dit bedrag een akte in tweevoud opmaken die u beiden ondertekent. Dat contract moet aan bepaalde eisen voldoen (zie par. 2.5a).
- Als een colporteur redelijkerwijs kan vermoeden dat u niet aan uw betalingsverplichting kunt voldoen, mag hij u helemaal niets verkopen. Heeft u een bijstandsuitkering, schulden bij uw huisbaas en vertelt u dit aan de verkoper, dan mag hij u geen encyclopedie verkopen die u in vier jaar afbetaalt. U kunt de koop dan ongedaan maken. Bij de rechter

kunt u hierop een beroep doen, ook na de afkoelingstermijn van acht dagen.

2.5a Contract

Het contract dat bij een aankoopbedrag van €34 en hoger verplicht is, moet aan bepaalde eisen voldoen. Zo moeten er onder meer in worden vermeld: de naam en het adres van de colporteur, het totale bedrag waarvoor de consument zich verbindt, de mededeling dat de consument de overeenkomst binnen een bepaalde termijn (de wettelijke bedenktijd) per aangetekende brief ongedaan kan maken, en een model van de brief die de consument daarvoor kan gebruiken.
Eén exemplaar van de getekende akte moet hij u direct overhandigen. Als de colporteur zich niet aan een van deze eisen houdt, is het contract niet geldig en bent u er niet aan gebonden. U bent de colporteur dan niets verschuldigd. Eventueel geleverde goederen moet hij terugnemen, en aanbetalingen die u heeft gedaan, moet hij restitueren.

Let op

Verzekeringen vallen niet onder de Colportagewet. Als u aan de deur een verzekering koopt, heeft u dus niet de mogelijkheid de koop binnen acht dagen ongedaan te maken.
Er zijn meer situaties waarin verkoop niet onder de noemer colportage valt:

- als u zelf het initiatief neemt; bijvoorbeeld wanneer u een verkoper in het telefoonboek opzoekt en u een verkoper uitnodigt bij u thuis;
- als u eten, drinken en bloemen aan huis koopt, bijvoorbeeld van de melkboer, kruidenier of groenteman;
- als een verkoper u op straat aanspreekt, bijvoorbeeld voor de verkoop van een krantenabonnement.

3 OP REIS

Een vakantie kan om allerlei redenen in het water vallen. Hier leest u wat uw rechten als reiziger zijn, en wat dat in de praktijk betekent.

Dit hoofdstuk gaat over uw rechten als vakantieganger en hoe u de kans op problemen zo klein mogelijk maakt.
Eerst staan we stil bij uw juridische positie als u rechtstreeks boekt (bijvoorbeeld een lijnvlucht of hotelovernachting via een website) én uw rechten als u kiest voor een reisarrangement aangeboden door een reisorganisator. Daarna komen mogelijke probleemsituaties rond de reis en het verblijf aan bod. Tot slot is er aandacht voor het nut van een reisverzekering en de rol van de Algemene Nederlandse Vereniging van Reisondernemingen (ANVR), de Stichting Garantiefonds Reisgelden (SGR) en het Calamiteitenfonds.

3.1 Zelf organiseren of een verzorgde reis

3.1a Rechtstreeks geboekt

Dankzij internet regelen veel vakantiegangers zelf hun vervoer en onderdak. U sluit dan twee aparte overeenkomsten: een met de vervoerder en een met de logiesverschaffer. Globaal geldt dan dezelfde basisregel als voor alle overeenkomsten: u mag een goed 'product' verwachten en de andere partij mag op uw betaling rekenen.
Boekt u zelf uw *vervoer*, dan kunnen daar specifieke voorwaarden aan vastzitten. Welke dat zijn, hangt van de aanbieder af.
Uw juridische positie tegenover een *logiesverschaffer* in het buitenland hangt af van de heersende regels en wetgeving in dat land. Behalve als u een buitenlandse bungalow of hotel via een Nederlandse reisorganisator boekt. Dan gelden diens reisvoorwaarden, waarover u hierna meer leest.

3.1b Via een reisorganisator

Heeft u een zogeheten pakketreis (verblijf en vervoer of een andere dienst

zoals een huurauto) van een reisorganisator geboekt, dan heeft u een overeenkomst met de reisorganisator en gelden diens algemene voorwaarden. Als de reisorganisator bij de ANVR is aangesloten, zijn dat de ANVR-voorwaarden, waarbij de Consumentenbond betrokken is geweest. U leest hier meer over in par. 3.12. Ze staan ook in de brochure van de ANVR, die u bij de boeking krijgt of via www.anvr.nl kunt raadplegen.
Pakketreizen of andere reisdiensten zoals een appartement of bungalow kunt u rechtstreeks bij de reisorganisator boeken of via een tussenpersoon. Zo'n tussenpersoon kan het reisbureau op de hoek zijn, maar ook een boekingssite. Is er een probleem met de pakketreis, dan kunt u – als u een goede relatie heeft met het reisbureau – dat bureau inschakelen om uw probleem door te spelen aan de reisorganisator.

Boeken via internet

Wat kunt u doen als u meteen na een boeking via internet al spijt heeft? Kunt u dit nog ongedaan maken omdat online-aankopen onder de Wet koop op afstand vallen en daarvoor een bedenktijd geldt?
Helaas niet. De wettelijke bedenktijd van zeven werkdagen voor koop op afstand geldt niet wanneer u een reis boekt. U kunt dus niet zomaar van de reisovereenkomst af, tenzij u de reis annuleert. De reisorganisator brengt dan doorgaans annuleringskosten in rekening.
Hoe hoog die kosten zijn, hangt onder andere af van het moment waarop u de reis annuleert. Wie op de vertrekdag annuleert, loopt het risico het hele bedrag te moeten betalen. Het financiële risico is te beperken met een annuleringskostenverzekering. Wie bijvoorbeeld vanwege ziekte of werkloosheid een reis annuleert, kan wellicht via zijn annuleringsverzekering een vergoeding krijgen. Meer hierover staat in de polisvoorwaarden. Zie ook par. 3.11b.

3.2 Los vliegticket

Als u rechtstreeks bij een luchtvaartmaatschappij een los vliegticket koopt, sluit u een overeenkomst met die maatschappij. Uw rechten en plichten worden dan in de vervoersvoorwaarden bepaald.
De KLM is bijvoorbeeld bij de IATA aangesloten en baseert zich voor een

belangrijk deel op de internationale IATA-voorwaarden. Hoewel er – mede dankzij jarenlang lobbyen van de Consumentenbond – verbetering is gekomen in de rechten van luchtvaartpassagiers bij onder meer vertraging, annulering en overboeking (zie de volgende paragrafen), valt er nog steeds heel wat aan te merken.

TIP

Lees de ticketvoorwaarden

Lees altijd de ticketvoorwaarden op de website van de boekingssite. Hierin staat bijvoorbeeld of u een vlucht mag wijzigen of annuleren, hoeveel bagage er mee mag, de meldingstijd bij de incheckbalie en of er een minimum- of maximumverblijfsduur geldt.

We noemen een paar opmerkelijke en in onze ogen soms onredelijke bepalingen waarmee u het best vooraf rekening kunt houden als u een ticket boekt.

- Maatschappijen behouden zich het recht voor om vluchttijden te wijzigen of zelfs te annuleren, ook al is het ticket geboekt en helemaal betaald. Als passagier moet u dit accepteren en u krijgt, als de annulering tot twee weken voor vertrek plaatsvindt, hoogstens de ticketprijs terug, zonder recht op eventuele schadevergoeding.
- Daar staat tegenover dat wijzigen of annuleren zonder kosten voor passagiers alleen mogelijk is bij de duurdere lijndiensttickets van de reguliere luchtvaartmaatschappijen.
- Budgetmaatschappijen brengen bij wijziging administratiekosten in rekening, vaak €40 à €50, en u betaalt het – meestal hogere – tarief dat geldt op de nieuwe vertrektijd.
- Ook het wijzigen van een naam kost geld. Bij Ryanair, kampioen in bijkomende kosten, betaalt u daarvoor maar liefst €100! Buitensporig voor een handeling die u ook nog zelf moet verrichten. Let er daarom bij de boeking op dat de namen die op het ticket staan identiek zijn aan die in het paspoort.
- Annuleren kost doorgaans de volle ticketprijs, maar u heeft wel recht op teruggave van het deel dat uit overheidsheffingen bestaat. U moet hier zelf om vragen bij de luchtvaartmaatschappij en betaalt meestal administratiekosten, die soms even hoog zijn als het bedrag dat u terugkrijgt.
- Maatschappijen mogen passagiers weigeren als ze niet alle onderdelen (coupons) van het ticket in de aangegeven volgorde gebruiken. Met een

ticket Frankfurt-Amsterdam-New York mag u dus niet het eerste deel ongebruikt laten door pas op Schiphol op te stappen.

- Bij sommige intercontinentale vluchten moet u de terugreis herbevestigen, ook al heeft u een geldig ticket. Doet u dit niet, dan kan de luchtvaartmaatschappij u weigeren.
- Intercontinentale maatschappijen zoals KLM, Air France en British Airways maken afspraken met andere vervoerders, ook wel *code share* genoemd. Dit betekent dat andere luchtvaartmaatschappijen een deel van de vlucht kunnen uitvoeren. Consumenten moeten hierover bij boeking worden geïnformeerd.
- Incheckbalies sluiten doorgaans 40 minuten voor vertrek. Wie later komt, kan worden geweigerd.
- U moet flink aanbetalen op uw ticket en vaak zelfs de hele som hebben voldaan voor u daadwerkelijk met de vlucht mee mag. Overigens geldt dat voor vrijwel alle onderdelen van een vakantie.

En als u het ticket via een reisbureau of een boekingssite heeft gekocht? Ook dan gelden gewoon de vervoersvoorwaarden van de luchtvaartmaatschappij. Daarnaast gelden de boekingsvoorwaarden van het reisbureau of de boekingssite die als bemiddelaar optreedt.

3.2a 'Goedkope' tickets

Toen de prijsvechters op de markt kwamen, werden we overspoeld met goedkope vliegtickets. Maar wie gretig wilde toehappen, raakte algauw teleurgesteld. Vanwege een reeks toeslagen werd een ticket uiteindelijk twee tot drie keer zo duur. Vergelijken van vliegtarieven werd zo heel moeilijk, los van het feit dat je je als consument bedrogen voelde.
De Consumentenbond heeft hiertegen jarenlang actie gevoerd. Met succes, want op een gegeven moment kwamen er EU-regels die voorschreven dat aanbieders van tickets *all-in*prijzen moeten hanteren. Ook werd verboden om verzekeringen standaard aangevinkt op de site te zetten. Heel wat reizigers zagen het vinkje over het hoofd en bleken dan opeens aan zo'n verzekering vast te zitten.
Aanbieders houden zich lang niet altijd aan de nieuwe regels; zie het kader 'EU-normen genegeerd'. En de grotere transparantie voor de reiziger die in eerste instantie ontstond, heeft niet lang geduurd. In reactie op de nieuwe EU-regels hanteren luchtvaartmaatschappijen nu namelijk zogenoemde 'a la carte'-prijzen. Oftewel, u betaalt enkel voor het vervoer van A naar B. De

verzorging aan boord, de manier waarop u incheckt, de hoeveelheid bagage, de stoel waarop u zit en het gebruik van een specifiek betaalmiddel leiden tot een totaal ander prijskaartje. Nog steeds kun je als consument dus niet in één oogopslag zien wat je kwijt bent voor een vliegreis.

EU-normen genegeerd

Uit een onderzoek van de Consumentenbond (zie de *Reisgids* van januari 2010) bleek dat een aantal boekingsites nog steeds niet voldeed aan de eisen die de EU heeft gesteld voor de onlineverkoop van vliegtickets. Zo stonden bij Cheaptickets, Vliegtickets en World Ticket Center de reis-, annulerings- en vliegticketverzekering toch standaard aangevinkt. De Consumentenbond heeft de Consumentenautoriteit gevraagd op te treden tegen deze verraderlijke vinkjes.

Een paar voorbeelden. Ryanair vraagt €40 voor het uitprinten van een instapkaart op de luchthaven wanneer je dat thuis niet kunt of vergeten bent. Bij het Amerikaanse Spirit Airlines mag je voor $30 per enkele reis een koffer of tas meenemen en krijg je het 'privilege' om deze zelf in de bagagebak te plaatsen.

STEKELIGHEID

Toch toeslag

'Ik vond bij easyJet een vlucht naar Basel', schrijft de heer Van Hartingsveldt uit Oud-Beijerland. 'Het ticket kostte slechts €32, inclusief belastingen en toeslagen van luchthavendienstverleners. Als alles is ingevuld, moet er betaald worden. Dan blijkt er toch nog een toeslag te zijn. Je moet namelijk betalen met een creditcard, en dat kost €9,50; bijna 30% van de reissom!'
Stekeligheden, Consumentengids juni 2010

Ook de extra beenruimte in de Comfort Class van Martinair, voor €130 per retour, moet je niet klakkeloos bestellen. Want die beenruimte (in totaal 79 cm), is helemaal niet zo bijzonder in vergelijking met die bij de reguliere lijndienstmaatschappijen. Bij moedermaatschappij KLM heb je standaard bijvoorbeeld gemiddeld 79 tot 81 cm tot je beschikking.
Betalen om te kunnen betalen is ook zo'n vondst, gangbaar bij veel low-

costmaatschappijen. Een extra bedrag van €5-15 per ticket om – meestal verplicht – met je creditcard af te rekenen is eerder regel dan uitzondering. Erg, zeker als er geen andere manier van betalen mogelijk is, of als andere methoden nog duurder zijn.
Verder zijn er nog diverse andere kosten die weinig toegevoegde waarde hebben. Telefonisch je ticket reserveren bij United Airlines is zo'n voorbeeld. Tegen betaling van €50 neemt een *call agent* je boeking aan. Maar meer ook niet, want een tijdelijke optie nemen op je ticket is niet mogelijk. Eenmaal geboekt mag je niet meer wijzigen of annuleren. Je kunt dat ook zelf online doen en geld besparen.
Aan de andere kant bieden diverse luchtvaartmaatschappijen wel steeds meer diensten en producten aan voor extra comfort. Gemakken die voorheen enkel waren weggelegd voor kopers van dure *business class*tickets en zeer frequente reizigers, zijn tegenwoordig gewoon los te koop in de *economy class*. Denk maar aan de toegang tot *business lounges*, waar je onbe-

TURBULENTIE

Düsseldorf 80 km van Düsseldorf

De heer Kraus boekt bij Ryanair een ticket van Düsseldorf naar Faro. Op de vluchtdag rijdt hij naar Düsseldorf International Airport om daar te ontdekken dat Düsseldorf Weeze in werkelijkheid Niederrhein is, 80 kilometer verderop. Dat veel mensen die vergissing maken, blijkt uit de flinke stapel routebeschrijvingen naar vliegveld Niederrhein die klaarligt op de luchthaven van Düsseldorf.
De heer Kraus haast zich naar vliegveld Niederrhein bij Weeze maar komt 10 minuten na het sluiten van de gate aan. Ter plekke heeft hij de optie om te vliegen zonder bagage of een dag later tegen omboekingskosten. Hij voelt zich misleid, ook al omdat op de bagagetag NRN staat van Niederrhein en de bestemming van de vlucht in Faro omgeroepen wordt als Niederrhein. Bovendien deelt een medewerker hem mee dat het vaak voorkomt dat passagiers naar luchthaven Düsseldorf reizen en dat Weeze zodoende een *no show* kent van ongeveer 10%: het aandeel reizigers dat niet komt opdagen bij de geboekte vlucht en zodoende (een deel van) zijn geld kwijt is. Hij verlangt dat Ryanair de juiste naam vermeldt op de site en eist vergoeding van de gemaakte kosten. *Naschrift redactie:* inmiddels vermeldt Ryanair op de site 'Düsseldorf (Weeze)'.
Turbulentie, Reisgids november/december 2010

perkt hapjes en drankjes kunt nuttigen. Of het vermijden van lange rijen bij het inchecken en de gate, door gebruik te maken van de *priority lanes*. Wie net even wat meer luxe wil, maar economy blijft vliegen, kan nu dus ook voor die extra's kiezen zonder de hoofdprijs te hoeven betalen.

Een goede boekingssite

- biedt bij de keuze van een vlucht direct duidelijkheid over de eindprijs, zonder bijkomende kosten in de vervolgstappen;
- laat ook de tarieven zien op alternatieve vertrekdagen;
- biedt keuze in betaalmogelijkheden, vraagt geen woekerprijzen voor (verplicht) betalen per creditcard en heeft een beveiligde betaalpagina (htpps en een slotje in het internetadres);
- heeft duidelijke, makkelijk vindbare voorwaarden in het Nederlands;
- heeft een fysiek contactadres en de mogelijkheid om vragen en klachten per e-mail te sturen;
- waarschuwt met een duidelijke mededeling vlak voor het moment dat u definitief boekt;
- heeft niet standaard extra verzekeringen aangevinkt.

3.3 Koffer kwijt

Komt uw koffer niet op de band of is uw bagage beschadigd, meld dit dan onmiddellijk op de luchthaven en ga niet eerst naar huis of naar uw hotel. U doet aangifte door een 'PIR-formulier', een schaderapport, in te vullen. Uw claim geldt voor alles wat u in dat formulier opsomt. Wat u daarin vergeet te vermelden, kunt u daarna moeilijk meer opvoeren.
Wordt de koffer bijvoorbeeld twee dagen later alsnog bezorgd, dan heeft u recht op een financiële vergoeding voor noodzakelijke spullen zoals toiletartikelen en kleding voor de eerste twee dagen. Hoe hoog die vergoeding is, staat in de algemene voorwaarden van de luchtvaartmaatschappij.
Als de bagage echt weg blijkt te zijn, heeft u recht op een vergoeding van de luchtvaartmaatschappij. Hiervoor geldt een maximum van ongeveer €1300. Ook in dit geval is het aan te raden schriftelijk te vragen om een schadevergoeding. Krijgt u die niet, dan kunt u ook een beroep doen op uw reisverzekering, mits bagage in de verzekering was opgenomen. Contact opnemen

met de reisverzekeraar kan ook de moeite waard zijn als de schade boven die €1300 ligt; wellicht vult de reispolis dit aan.
Bij problemen met de bagage tijdens een pakketreis kunt u bij uw reisorganisator terecht.

TIP

Zet de hostess aan het werk

Heeft u een pakketreis geboekt en is er iets met uw bagage, schakel dan de reisleiding/hostess in. Zij hoort u te helpen met dit probleem.

3.4 Vluchtvertraging en annulering

3.4a Vertraging

Uw rechten bij vertraging zijn afhankelijk van de vraag of het een losse vlucht of een pakketreis betreft.

TURBULENTIE

Auto via KLM

Bij het boeken van tickets naar Johannesburg op de KLM-site lijkt het de heer De Jager handig daar meteen een auto te huren bij Avis. Tegelijk met het bedrag voor de tickets wordt de autohuur afgeschreven. Na de reis ontdekt de heer De Jager echter dat het bedrag nog een keer is afgeschreven door Avis. Dat komt omdat KLM het bedrag voor de autokosten niet heeft afgedragen aan Avis.
KLM wijst alle verantwoordelijkheid van de hand en verwijst naar iSeatz, de bij de autohuur op de site genoemde partij. ISeatz is alleen bereikbaar via een webformulier. Na het invullen daarvan blijft een reactie uit. Zodoende is de heer De Jager weken bezig de dubbele betaling, zo'n €800, terug te krijgen. Hij raadt autohuur via KLM dan ook af.
KLM laat weten dat iSeatz wel telefonisch bereikbaar is, het nummer staat in de bevestigingsmail aan klanten. Het te veel betaalde is inmiddels teruggestort. De heer De Jager had de voucher niet op tijd ontvangen (die kun je inmiddels zelf downloaden) en daarom eiste Avis in Johannesburg een nieuwe betaling.
Turbulentie, Reisgids maart 2011

Losse vlucht

Bij een losse vlucht is de luchtvaartmaatschappij verantwoordelijk. Wie met een Europese luchtvaartmaatschappij vliegt of vanuit een Europees land vertrekt, geniet Europese passagiersrechten, waarop we hierna uitgebreid ingaan. Wat uw rechten zijn als dit niet het geval is, leest u in het kader 'Niet-Europese vlucht'.

Volgens de Europese regelgeving heeft u bij langdurige vertraging (vanaf twee uur bij aankomst – het vliegtuig kan een deel van de vertraging namelijk weer inlopen – en afhankelijk van de afstand) recht op *bijstand door de luchtvaartmaatschappij*. Die bijstand kan bestaan uit gebruik van een telefoon, versnaperingen, een maaltijd en drankje en indien nodig een hotelkamer, inclusief het vervoer. Dit geldt voor alle vluchten vanuit een EU-land en voor vluchten naar een luchthaven in een EU-land voor zover het een luchtvaartmaatschappij betreft die in de EU is gevestigd.

Tabel 2 laat zien wanneer er volgens de Europese regels sprake is van een langdurige vertraging die recht op deze bijstand geeft.

Als de vertraging meer dan vijf uur bedraagt, kunt u besluiten niet (verder) te reizen. U heeft dan recht op terugbetaling van uw ticket en eventueel een terugvlucht naar uw oorspronkelijke vertrekpunt.

Tabel 2 Recht op bijstand bij vluchtvertraging

Vluchtafstand	Vertraging bij aankomst
1500 km of minder	2 uur of meer
Meer dan 1500 km in EU	3 uur of meer
Tussen 1500 en 3500 km	3 uur of meer
Alle andere vluchten	4 uur of meer

Tabel 3 Recht op compensatie bij vluchtvertraging

Vluchtafstand	Vertraging bij aankomst	Vergoeding
1500 km of minder	meer dan 3 uur	€ 250
Binnen EU meer dan 1500 km of andere vluchten tussen 1500 en 3500 km	meer dan 3 uur	€ 400
Meer dan 3500 km	tussen 3 en 4 uur	€ 300
Meer dan 3500 km	meer dan 4 uur	€ 600

Dankzij een uitspraak van het Europese Hof hebben passagiers hiernaast ook recht op een *compensatie in geld* (een vergoeding) als hun vlucht een vertraging heeft van drie uur of meer. De hoogte van die compensatie ligt – afhankelijk van de afstand en de opgelopen vertraging bij aankomst – tussen de €250 tot €600 per ticket (zie tabel 3). Deze vergoeding moet binnen zeven dagen volledig worden betaald in contanten, per bankoverschrijving of cheque.
Kan een luchtvaartmaatschappij overmacht aantonen, dan hoeft ze geen compensatie te betalen. Ook daarin heeft het Hof meer duidelijkheid geschapen: technische problemen behoren meestal tot het normale bedrijfsrisico van een luchtvaartmaatschappij en vallen dus niet onder 'overmacht'. Overmacht geldt alleen als de maatschappij geen invloed op de situatie kan uitoefenen, bijvoorbeeld wanneer een zwerm vogels in de motor terechtkomt, als er wilde stakingen uitbreken, als er een langdurige sneeuwstorm woedt of als er niet veilig gevlogen kan worden vanwege de IJslandse of Chileense aswolk.
U kunt de luchtvaartmaatschappij daarnaast aansprakelijk stellen voor *schade* die het rechtstreekse *gevolg* is van de vertraging. Denk aan de kosten van een nieuw ticket als u door de vertraging een aansluitende vlucht mist. Deze vergoeding kent wel een maximum van circa €4500.

Niet-Europese vlucht

Als het vertrekpunt van uw vlucht buiten Europa ligt en u met een niet-Europese luchtvaartmaatschappij vliegt, gelden de Europese Passagiersrechten voor annulering, vertraging en overboeking niet. Uw rechten (en plichten) worden dan bepaald door de algemene voorwaarden van de luchtvaartmaatschappij en de plaatselijke wetgeving.

Pakketreis

Is de vlucht onderdeel van een pakketreis en pakt de vakantie door de vertraging aanzienlijk minder goed uit, dan kunt u naast de genoemde compensatie van de luchtvaartmaatschappij een vergoeding bij de reisorganisatie eisen van de kosten die de vertraging heeft veroorzaakt. U moet de vertraging dan wel kunnen aantonen. Dat kunt u doen door de medewerkers van de luchtvaartmaatschappij om een 'vertragingsverklaring' te vragen, waarin onder meer staat hoelang de vertraging duurde. U heeft voor uw claim ook uw *boarding pass*, uw boekingsgegevens en uw vliegticket nodig.

'Non-refundable'

De term *non-refundable* staat meestal op vliegtickets die goedkoop of extra voordelig worden verkocht. Dit houdt in dat u geen geld kunt terugkrijgen als u buiten de schuld van de maatschappij uw plannen wijzigt of (een deel van) het ticket niet gebruikt. Maar als de luchtvaartmaatschappij uw vlucht niet laat doorgaan, moet ze u de kosten vergoeden van onder meer het vervangende luchtvervoer. Zij kan zich dan niet beroepen op de toevoeging non-refundable. Een annuleringskostenverzekering kan in dat geval nuttig zijn.

Als de organisatie een vergoeding aanbiedt en u hiermee akkoord gaat, is de zaak daarmee afgedaan. Als u het niet eens bent met de vergoeding of als u geen vergoeding krijgt, moet u binnen een maand na afloop schriftelijk een klacht indienen bij de reisorganisatie om alsnog aanspraak te kunnen maken op een (hogere) vergoeding. Reageert de reisorganisatie niet naar tevredenheid, dan kunt u tot drie maanden na afloop van de reis de klacht voorleggen aan de Geschillencommissie Reizen (zie Adressen), mits de reisorganisatie zich hieraan verbonden heeft. Dat geldt in elk geval voor alle ANVR-organisaties.

3.4b Annulering

Ook bij annulering van een vlucht heeft u recht op bijstand en compensatie door de luchtvaartmaatschappij, tenzij u minstens 14 dagen vóór de vlucht op de hoogte bent gesteld van de annulering of wanneer u via een andere route bent gereisd zonder veel tijdverlies.
Bij overmacht (denk aan sluiting van het luchtruim wegens natuurgeweld, een staking van de luchtverkeersleiders of een terroristische aanslag) heeft u geen recht op compensatie, maar wel op bijstand.
Het bedrag van de compensatie is afhankelijk van de vluchtafstand en de opgelopen vertraging. Zie hiervoor par. 3.5.
De luchtvaartmaatschappij moet u de keus bieden tussen:

- terugbetaling van uw ticket binnen zeven dagen;
- via een andere route naar uw eindbestemming reizen tegen dezelfde voorwaarden.

Ook als de geannuleerde vlucht deel uitmaakt van een pakketreis, heeft u recht op de geldelijke compensatie van de luchtvaartmaatschappij.

Vergoeding extra verlofdag

Een vertraging van acht uur of langer op de heenreis betekent dat u een vakantiedag verliest. Deze verloren dag kunt u bij de reisorganisator claimen (als de vlucht deel uitmaakt van een pakketreis) of bij uw eventuele annuleringskostenverzekering als 'gederfd reisgenot'. Een extra dag verlof die u moet opnemen omdat de terugvlucht een dag vertraagd is, wordt niet door een annuleringsverzekering vergoed, maar kunt u wel bij de reisorganisator claimen.

3.5 Overboeking vlucht

Luchtvaartmaatschappijen nemen op veel vluchten meer boekingen aan dan er plaatsen in het toestel zijn. De reden daarvoor is dat meestal een aantal passagiers niet komt opdagen. Maar soms schatten de luchtvaartmaatschappijen dit aantal verkeerd in en is de vlucht overboekt: ze moeten dan passagiers weigeren (de gebruikte term is 'instapweigering'; instapweigering kan overigens ook om gezondheidsredenen voorkomen). De Consumentenbond vindt overboeking een vorm van contractbreuk.
De luchtvaartmaatschappij moet eerst vragen of er passagiers zijn die tegen een bepaalde vergoeding vrijwillig afstand willen doen van hun zitplaats.
De luchtvaartmaatschappij moet een overboekte passagier de keus bieden tussen volledige terugbetaling van zijn ticket (eventueel aangevuld met een gratis vlucht naar zijn oorspronkelijke vertrekpunt) of alternatief vervoer naar de eindbestemming.
De passagier heeft daarnaast recht op een vergoeding tussen de €125 en €600. Dat bedrag wordt bij een relatief geringe vertraging gehalveerd, zie tabel 4.

Voorkom overboeking

U kunt de kans op overboeking verkleinen door:

- als het kan een stoel te reserveren;
- zo vroeg mogelijk in te checken.

Dat is dankzij de huidige mogelijkheid van online inchecken een stuk makkelijker geworden.

Kiest de passagier voor een andere route, dan moet de luchtvaartmaatschappij bovendien zo nodig bijstand verlenen in de vorm van maaltijden, gebruik van telefoon, hotelaccommodatie enzovoort.
Ook als de overboekte vlucht deel uitmaakt van een pakketreis, moet u bij de luchtvaartmaatschappij aankloppen voor compensatie.

Tabel 4 Compensatie bij instapweigering vanwege overboeking

Vluchtafstand	Vertraging bij aankomst	Vergoeding
1500 km of minder	tot 2 uur	€ 125
1500 km of minder	meer dan 2 uur	€ 250
Binnen EU meer dan 1500 km of andere vluchten tussen 1500 en 3500 km	tot 3 uur	€ 200
Binnen EU meer dan 1500 km of andere vluchten tussen 1500 en 3500 km	meer dan 3 uur	€ 400
Meer dan 3500 km	tot 4 uur	€ 300
Meer dan 3500 km	meer dan 4 uur	€ 600

3.6 Failliete luchtvaartmaatschappij

Als een luchtvaartmaatschappij failliet gaat, valt er in de praktijk niet veel te halen. In het beste geval worden de vluchten overgenomen door een andere maatschappij en kunt u tenminste nog op reis. Als u gedupeerd bent door het faillissement, neem dan contact op met de curator. Als consument zult u helaas wel achteraan in de rij van schuldeisers moeten aansluiten.
Er worden tegenwoordig verzekeringen aangeboden die dekking bieden tegen schade die u lijdt door een faillissement van een luchtvaartmaatschappij.

3.7 Vliegtuigongeluk

Vliegen is in vergelijking met autorijden zeer veilig, maar wat als u toch met een vliegtuigongeluk te maken krijgt? Voor verwondingen of overlijden

door een ongeval met een vlucht van een EU-luchtvaartmaatschappij – waar ook ter wereld – kunt u een claim indienen. Dat kan bij de luchtvaartmaatschappij waarmee u een contract heeft gesloten of bij de maatschappij die de vlucht uitvoert, ingeval het om twee maatschappijen gaat. Als u er samen niet uitkomt, zult u naar de rechtbank moeten.
Los hiervan heeft u sowieso recht op een voorschot om uw onmiddellijke economische behoeften, zoals voedsel en kleding, te dekken.

3.8 Klacht over luchtvaartmaatschappij

Als luchtvaartpassagier heeft u dus bepaalde rechten. Die zijn het duidelijkst uitgewerkt bij vertraging, annulering en instapweigering als gevolg van overboeking. In de praktijk blijkt het echter niet altijd even makkelijk om claims te verzilveren. Vandaar dat de Consumentenbond in mei 2011 de campagne Vlieg-recht is gestart, die tot en met eind september duurt (zie het gelijknamige kader).
Luchtvaartmaatschappijen zijn verplicht om bij de incheckbalie en de gate een folder te hebben liggen met informatie over uw rechten. De Inspectie Verkeer en Waterstaat (IVW) houdt toezicht op de compensatieregeling en op naleving van de verplichting om folders ter beschikking te stellen, en kan overtreders boetes opleggen.
Als u een klacht heeft, moet u zich in eerste instantie tot de luchtvaartmaatschappij wenden. Komt u er met de luchtvaartmaatschappij niet uit, dan kunt u een geschil over annulering, langdurige vertraging of instapweigering indienen bij de Geschillencommissie Luchtvaart (zie Adressen), mits de luchtvaartmaatschappij is aangesloten bij de branchevereniging BARIN. Dat geldt voor de meeste gangbare maatschappijen, behalve voor bijvoorbeeld British Airways en Ryanair. Een overzicht staat op de website van de geschillencommissie. Deze geschillencommissie is mede opgericht door de Consumentenbond en biedt een laagdrempelig, snel en goedkoop alternatief voor de rechter. De Geschillencommissie Luchtvaart is onderdeel van De Geschillencommissie.
Als uw geschil over iets anders gaat dan annulering, langdurige vertraging of overboeking, moet u naar de rechter.
Het klachtengeld bedraagt bij de Geschillencommissie Luchtvaart €50. Krijgt u gelijk, dan wordt dit bedrag teruggestort.

TURBULENTIE

Noodlanding

Tot haar schrik krijgt mevrouw Wagenaar op de vlucht New York-Amsterdam te maken met een noodlanding. Ze had KLM geboekt en op de heenweg genoten van een prettige vlucht. De terugvlucht wordt uitgevoerd door partner Delta. Het Deltatoestel maakt een verouderde indruk en is oncomfortabel. Bij het vertrek valt de sterke kerosinelucht op. Op een gegeven moment wordt omgeroepen dat er een motor is uitgevallen en dat er een noodlanding zal volgen op Halifax (Canada). Die landing gaat goed maar dat kan niet gezegd worden van het vervolg.
De passagiers worden opgesloten in een bewaakte ruimte en de aangekondigde twee uur worden er negen. Het enige wat ze in al die tijd krijgen zijn twee bekertjes limonade en een muffin.
Dan worden ze alsnog naar Amsterdam gevlogen, waar ze ruim tien uur te laat aankomen en met flinke trek want de maaltijd bestaat uit een banaan en limonade. Op Schiphol krijgen ze een vergoeding in de vorm van een eetcoupon van €14,95, zelf op te halen bij de stewardess. Daarnaast is er een compensatie van een tegoed van $200 in Air Miles. Mevrouw Wagenaar gaat hier niet mee akkoord, laat KLM weten waar de maatschappij tekortschoot en eist op basis van de Europese regelgeving €600 compensatie. Na vier maanden krijgt ze antwoord: KLM wijst de eis af en beroept zich daarbij op overmacht vanwege een technisch mankement. Delta laat weten dat ze als Amerikaanse luchtvaartmaatschappij niet onder de EU-wetgeving valt.
Omdat de vlucht (ook) KLM was, gaat dat argument niet op. Mevrouw Wagenaar laat het er niet bij zitten en neemt de Geschillencommissie Luchtvaart in de arm, waar de zaak nog loopt.
Turbulentie, Reisgids november/ december 2010

3.8a Hulp

Als u hulp zoekt bij het indienen van uw claim kunt u wellicht terecht bij uw rechtsbijstandsverzekeraar of, als u een wat luxere creditcard bezit, bij de creditcardmaatschappij. Daarnaast kunt u terecht bij diverse commerciële bureaus, zoals EUclaim, Aviaclaim en ARAG Flight Claim Service. Deze werken op basis van *no cure, no pay*. Dit betekent dat zij een deel (vaak 20 tot 30%) van de eventueel toegekende compensatie in rekening brengen.

Deze bureaus behandelen uitsluitend claims over de compensatie bij langdurige vertraging, annulering en overboeking. Met een claim over bijvoorbeeld verloren geraakte bagage kunt u hier niet aankloppen.

Campagne Vlieg-recht

Nog te veel luchtpassagiers weten niet wat hun rechten zijn bij vertraging, overboekte vluchten en annulering. . Via de campagne Vlieg-recht wil de Consumentenbond hen daarvan bewust maken en tegelijk bereiken dat luchtvaartmaatschappijen hun passagiers geven waar ze recht op hebben. De Consumentenbond krijgt veel klachten dat luchtvaartmaatschappijen de wet overtreden en consumentonvriendelijke voorwaarden hanteren. Vooral het recht op compensatie bij een vertraging van meer dan drie uur wordt met voeten getreden. Veel vervoersvoorwaarden bevatten voor de consument onredelijke bepalingen, en luchtvaartmaatschappijen behouden zich het recht voor tot het laatste moment vluchttijden te wijzigen of prijsverhogingen door te voeren. Daarnaast vragen sommige maatschappijen meer dan €50 voor het wijzigen van één letter op een ticket.
Meer informatie is te vinden op www.consumentenbond.nl/vliegrecht. Daar kunt u ook uw ervaringen met luchtvaartmaatschappijen melden.

3.9 Overboeking hotel

Als het hotel bij aankomst vol blijkt te zijn, schakel dan gelijk de hostess in wanneer u een pakketreis heeft geboekt. U moet de tegenpartij namelijk de gelegenheid bieden het probleem te verhelpen. De reisorganisatie dient direct een alternatief, een gelijkwaardige of betere accommodatie aan te bieden. U bent niet verplicht dit aanbod te accepteren: u heeft het recht om terug te vliegen. Besluit u terug te vliegen, dan heeft u recht op een schadevergoeding of teruggave van de reissom.
Als u ter plaatse een alternatief accepteert omdat naar huis terugvliegen nog erger is, doe dit dan 'onder protest'. U behoudt dan het recht op schadevergoeding. Als u de alternatieve hotelkamer 'gewoon' accepteert, is daarmee het probleem opgelost en heeft u dus geen recht op schadevergoeding. Maar is de aangeboden accommodatie minder dan het oorspronkelijk geboekte

hotel, dan kunt u alsnog van uw recht op schadevergoeding gebruikmaken. Zorg dat u van de reisleiding of het hotelmanagement een bevestiging krijgt van de over- of omboeking. Doet u dit als u al terug bent, dan bent u te laat. Op uw beurt heeft u de plicht de schade zo beperkt mogelijk te houden.

3.10 Tegenvallende accommodatie

U mag verwachten dat het hotel de voorzieningen heeft die op de website van de reisorganisator of in zijn brochure staan vermeld (met uitzondering van faciliteiten die in het voor- of naseizoen nog niet of niet meer geopend zijn; dit moet dan wel vermeld zijn). Staat er dat het hotel over een zwembad beschikt, dan hoort dat zwembad er ook te zijn. Zo niet, dan heeft u recht om te klagen. Maar heeft u uw voorkeur uitgesproken voor bijvoorbeeld een 'rustige' kamer, dan wordt dat als 'preferentie' genoteerd; dat wil zeggen dat men zijn best zal doen om aan uw wens tegemoet te komen, maar dat dit niet gegarandeerd kan worden. Blijkt de kamer niet rustig, dan kunt u hoogstens om een andere kamer vragen.
Heeft u een klacht, dien die dan ter plaatse zo snel mogelijk in. Voor iets kleins, zoals een ontbrekend koffiezetapparaat, kunt u volstaan met de beheerder. Voor belangrijkere problemen moet u naar de hostess of reisleider. Kunt u deze niet bereiken, bel dan met de reisorganisatie in Nederland. Achteraf klagen werkt niet, omdat de reisorganisatie in de gelegenheid moet worden gesteld het probleem te verhelpen.
Wordt het probleem ter plekke niet opgelost, laat dit dan in een klachtenformulier vastleggen en laat het formulier mede door de hostess of een andere vertegenwoordiger ondertekenen. Zorg voor bewijsmateriaal zoals

Excursie in het water

Hoe zit het als een excursie tegenvalt of mislukt? Als de excursie in uw arrangement zit, moet u bij de hostess of reisleiding aankloppen. De hostess biedt u vaak op de bestemming zelf ook de gelegenheid om via haar een excursie van een lokale organisator te boeken. Als u een klacht heeft over zo'n excursie is de hostess alleen bemiddelaar geweest en moet u niet bij haar zijn, maar bij de lokale organisator. Dat laatste geldt natuurlijk ook als u de excursie daar rechtstreeks heeft geboekt.

foto's, getuigen en nota's. Dien uw klacht binnen één maand na terugkomst in Nederland schriftelijk in bij de reisorganisator of het boekingskantoor en eis een schadevergoeding.
Levert dit niets op, dan kunt u naar de Geschillencommissie Reizen stappen, mits de reisorganisator bij de ANVR is aangesloten. Doe dit binnen drie maanden na terugkeer. De uitspraak van de geschillencommissie is voor beide partijen bindend. Is de organisatie geen lid van de ANVR, dan zult u naar de rechter moeten. Dat is een veel duurdere en langdurigere procedure.
Wanneer is een klacht gegrond? Bepalend is welke verwachtingen er worden gewekt in de brochure, door de reisorganisatie en in de boekingsbevestiging. Staat er in de omschrijving dat het hotel rustig gelegen is, dan mag het niet naast een landingsbaan liggen. Boekt u een appartement in Salou, 'levendig gelegen midden in het uitgaanscentrum', dan heeft het weinig zin om te klagen dat u door het lawaai niet kunt slapen.

TURBULENTIE

Nooit meer

Welgemoed vertrekt de familie Barendsen naar een appartement uit de brochure van Holland International op viersterrencamping Sanghen, pal aan het Gardameer.
Reisbureau Relik en van Hooft heeft de boeking verzorgd. Maar helaas: het appartement is ronduit smerig: de gordijnen stinken en er zitten zelfs vlooien. Als ze dat de eigenaar vertellen, wordt die zo boos dat hij ze sommeert het terrein te verlaten.
Ze melden dat nog dezelfde dag bij het reisbureau en bij Holland International. De contactpersoon ter plaatse belt de eigenaar, maar vindt het niet nodig te gaan kijken.
De familie Barendsen krijgt uiteindelijk een ander appartement maar dat is amper beter. Na de schoonmaak doen ze het zelf nog eens dunnetjes over en laten de kleding in de auto omdat ze het nog te smerig vinden. Overigens zijn er ook nieuwe appartementen die er wel goed uit zien.
Eenmaal thuis dienen ze een klacht in en krijgen 25% van de reissom terug. Holland International biedt camping Sanghen nog steeds aan, net als enkele andere reisorganisaties. Desgevraagd geeft Holland International als reden dat de gemiddelde tevredenheid van de gasten positief is.
Turbulentie, Reisgids januari 2011

3.11 Vakantie en verzekering

3.11a Reisverzekering

Veel mensen hebben een doorlopende reisverzekering of sluiten er een af als ze op vakantie gaan. Uw rechten en plichten staan dan omschreven in de algemene voorwaarden, de 'kleine lettertjes' van de polis. Lees die goed door. Kijk vooral aan welke zorgvuldigheidseisen u moet voldoen, bijvoorbeeld bij het achterlaten van kostbare spullen in de auto of als u op het strand bent. Houd ook rekening met forse afschrijvingspercentages voor bagage, waardoor u voor bijvoorbeeld een verloren camera veel minder terugkrijgt dan u misschien verwacht.

Doorlopende reisverzekering?

Wie vaker op reis gaat, kan voordeliger uit zijn met een doorlopende reisverzekering. Bedenk wel dat 'doorlopend' niet 'permanent' betekent. Veel van die verzekeringen kennen namelijk een maximumaantal dagen dat je per keer aaneengesloten weg mag zijn.

3.11b Annuleringskostenverzekering

Vooral bij annuleringskostenverzekeringen heersen misverstanden. Reizigers denken vaak dat het afbreken van de reis in veel meer situaties is gedekt dan in werkelijkheid het geval is. In de praktijk geldt dit alleen voor een paar nauwkeurig omschreven situaties, zoals ernstige ziekte of het overlijden van een direct familielid. Lees de voorwaarden van de polis hierop na.

3.12 ANVR

De Algemene Nederlandse Vereniging van Reisondernemingen (ANVR; zie Adressen) is de brancheorganisatie van de reiswereld, waarvan zowel touroperators (ofwel reisorganisaties) als reisbureaus lid zijn. Begin 2010 waren er 1495 reisbureaus en 203 reisorganisaties aangesloten, samen goed voor naar schatting 90% van de omzet in de reisbranche.
Het lidmaatschap van de ANVR biedt de consument de garantie dat een aantal zaken goed geregeld is. Het belangrijkst is de financiële zekerheid:

Dubbel verzekerd

Eind 2009 huren de heer en mevrouw Delfgaauw een auto in Australië op de site van Budget voor €618 inclusief LDW (afkoop eigen risico bij schade en diefstal). Als ze de auto op 21 februari ophalen in Perth, moeten zij tot hun verbazing nog een keer de LDW betalen. Ze krijgen de auto alleen mee als ze ter plekke betalen: €308. Doen ze dat niet, dan krijgen ze de auto mee maar geldt een eigen risico van €2530.
Onder protest betalen ze nogmaals de LDW. Eenmaal terug in Nederland dienen ze een klacht in bij Budget Nederland. Daar krijgen ze te horen dat de reservering exclusief LDW was. Als ze aantonen dat ze wel degelijk LDW betaald hebben bij de reservering, neemt Budget contact op met de vestiging in Perth. Drie weken later laat Budget Nederland weten dat de vestiging in Perth hen duidelijk geïnformeerd heeft en ze toch zelf akkoord gegaan zijn en getekend hebben voor de LDW. Naar het geld kunnen ze fluiten.
Turbulentie, Reisgids september/oktober 2010

reisbureaus en reisorganisaties met het ANVR-logo zijn (verplicht) aangesloten bij de Stichting Garantiefonds Reisgelden (SGR; zie Adressen). Via de SGR zijn de reisgelden van de vakantiegangers bij een faillissement van de reisorganisatie beschermd, uitgezonderd betalingen voor losse lijndiensttickets en huurovereenkomsten, bijvoorbeeld voor autohuur. Een aan de SGR gelijkwaardige financiële garantie mag ook, al is die doorgaans moeilijk te controleren. Gaat een reisorganisatie of reisbureau failliet, dan springt de SGR financieel in de bres en vergoedt de schade.
De Stichting Calamiteitenfonds Reizen doet iets anders: die zorgt voor een financiële tegemoetkoming als mensen hun reis moeten onderbreken vanwege een ramp. Alle ANVR-leden bieden deze garantie. Zie ook par. 3.12a.
Bij de ANVR-leden bent u ook zeker van evenwichtige boekings- en reisvoorwaarden; die zijn tot stand gekomen in overleg met de Consumentenbond. Een sterk punt is bijvoorbeeld de onafhankelijke geschillenregeling via de Geschillencommissie Reizen, onderdeel van De Geschillencommissie (zie Adressen). De reisorganisaties binnen de ANVR verplichten zich om busreizen uit te voeren met bussen die het Keurmerk Touringcarbedrijf voeren. Verder onderschrijven de leden de Reclamecode Reisaanbiedingen. Dat houdt onder andere in dat ze geen misleidende aanbiedingen mogen doen. Internetaan-

Te gekke aanbieding

De heer en mevrouw K. boeken in december 2009 een 'superaanbieding': een reis van drie weken in september 2010 naar Turkije, voor twee personen op basis van vol pension in een prima hotel. Omdat de prijs de heer en mevrouw K. wel heel erg laag lijkt, vragen zij nadrukkelijk na of de prijs wel klopt. Zowel het plaatselijke reisbureau als de klantenservice van de reisorganisator verzekert hen dat het klopt. Het betreft namelijk familiekamers en die zijn in het naseizoen moeilijk te verhuren.
De reis wordt schriftelijk bevestigd en de aanbetaling voldaan. Omdat de volwassen dochters van de heer en mevrouw K. ook wel zin hebben om mee te gaan, boeken zij ook, maar dan voor één week en dat blijkt stukken duurder. De heer K. belt weer naar de reisorganisator en zelfs twee plaatselijke reisbureaus die hem wederom verzekeren dat hij de superaanbieding en de dochters de reguliere reis hebben geboekt.
Dan, drie maanden nadat de reis geboekt is, komt de reisorganisator tot de ontdekking dat er toch een fout is gemaakt en wordt de reis door de reisorganisator geannuleerd. Omdat de dochters zonder de ouders geen zin meer hebben in hun reis, annuleren zij, met annuleringskosten conform de ANVR-voorwaarden als gevolg.
Na de nodige communicatie over en weer en een weigerachtige reisorganisator boeken de heer en mevrouw K. bij een andere reisorganisator een reis voor twee weken naar Turkije, die wel een stuk duurder is dan de oorspronkelijke reis. De dochters besluiten dan maar niet mee te gaan. Het reisbureau biedt aan de annuleringskosten van de dochters te vergoeden, maar meer ook niet.
De reisorganisator stelt dat er sprake is van een kennelijke vergissing en dat deze overduidelijk zichtbaar dan wel herkenbaar was. Daarom is de reis door de reisorganisator geannuleerd en de familie K. moet het verder maar uitzoeken.
Omdat de familie K. het er niet bij wil laten zitten, wordt de zaak voorgelegd aan de Geschillencommissie Reizen.
Uit het dossier en de toelichting ter zitting leidt de commissie af dat de klager vraagtekens heeft geplaatst bij de prijs van de reis. Naar aanleiding daarvan heeft hij bij herhaling rechtstreeks bij de reisorganisator en bij de betrokken boekingskantoren geïnformeerd of de prijs wel klopte. Steeds kreeg hij te horen

dat dat het geval was. In de gegeven omstandigheden heeft de klager voldoende aan zijn onderzoeksplicht voldaan en mocht hij erop vertrouwen dat de reisorganisator de overeenkomst zoals geboekt zou nakomen. De reisorganisator heeft volgens de commissie ten onrechte na drie maanden de reisovereenkomst geannuleerd.
De commissie is van oordeel dat de klager in redelijkheid recht heeft op een schadevergoeding gelijk aan de extra kosten voor de alternatief geboekte reis.

bieders moeten daarnaast voldoen aan de gedragscode Boeken via internet. Ook niet-aangesloten reisorganisaties kunnen een aantal van bovengenoemde zaken goed geregeld hebben en bijvoorbeeld aangesloten zijn bij de SGR, maar dat moet je dan bij elke reisorganisatie apart nagaan; bij een ANVR-lid weet je dit zeker.
Ga kort voor boeking wel altijd na op www.sgr.nl of www.anvr.nl of het betreffende reisbureau of de reisorganisatie (nog) daadwerkelijk lid is van de ANVR en is aangesloten bij de SGR en het Calamiteitenfonds.

3.12a Calamiteitenfonds

Wie een pakketreis boekt, betaalt een bijdrage van €2,50 voor het Calamiteitenfonds. De Stichting Calamiteitenfonds Reizen (zie Adressen) heeft als doel reizigers financieel te compenseren die al onderweg zijn, maar de reis voortijdig moeten afbreken vanwege een calamiteit (zie hierna).
Als er een calamiteit dreigt, bepaalt het fonds of er een zogenoemde dekkingsbeperking voor een bestemming geldt. Naar een land of gebied waarvoor een dekkingsbeperking is ingesteld, kunt u niet langer met garantie van het Calamiteitenfonds reizen.
Wie nog niet op reis is, kan in dat geval kosteloos annuleren binnen 30 dagen voor vertrek. Bij annuleringen en afgelastingen van de reis en bij het niet starten van een reis als gevolg van een dekkingsbeperking moet de consument zijn bijdrage aan het fonds terugkrijgen.
Duurt het langer dan 30 dagen voordat u vertrekt, dan valt annuleren niet onder de dekking van het Calamiteitenfonds. Als u dan toch wilt annuleren, bent u afhankelijk van de coulance van de reisorganisatie of u moet juridisch kunnen aantonen dat u redelijkerwijs niet gehouden kunt worden aan de reisovereenkomst.

Wat is een calamiteit?

Een calamiteit is een 'door molest of een natuurramp veroorzaakte abnormale gebeurtenis'. Een bijzondere situatie dus die veroorzaakt is door molest of een natuurramp en die zeer ongewoon is in het bezochte land in een bepaalde periode. Voorbeeld: in de Alpenlanden is sneeuw in de winter gewoon, maar het ontbreken van sneeuw is geen natuurramp en dat is dus geen calamiteit.

De Calamiteitencommissie bepaalt of een ongewone situatie wel of niet te beschouwen is als een calamiteit. Als de commissie een ongewone situatie als calamiteit beschouwt, is er een zogenoemde uitkeringsvatbare situatie. Dit werd vroeger een 'negatief reisadvies' genoemd. Dat kan ook een dreigende situatie zijn, zoals een naderende orkaan.

Voorwaarden voor een uitkering

Om voor een uitkering uit het Calamiteitenfonds in aanmerking te komen, moet aan bepaalde voorwaarden zijn voldaan.

1. Het moet gaan om een aangesloten organisatie (te controleren op de website www.calamiteitenfonds.nl).
2. De ANVR-Reisvoorwaarden moeten van toepassing zijn.
3. Er moet een uitkeringsvatbare situatie zijn, vastgesteld door de Calamiteitencommissie.
4. De consument kan zijn schade niet verhalen op derden.
5. Het moet gaan om een vakantiereis.

Als aan die voorwaarden is voldaan, vergoedt het Calamiteitenfonds bij aanpassing van de reis (bijvoorbeeld kiezen voor een andere bestemming) de meerkosten van die aanpassing. Als de reis moet worden afgebroken, vergoedt het Calamiteitenfonds de meerkosten van de repatriëring naar Nederland en krijgt u een vergoeding voor niet-genoten reisdagen.

Annuleren zonder dekkingsbeperking

In de wet staat dat een reis overeenkomstig (en gelijkwaardig aan) het oorspronkelijke aanbod moet worden uitgevoerd. Als dit niet mogelijk is, heeft de klant het recht de reis kosteloos te annuleren (BW 7:503, lid 3). Als de reis wordt uitgevoerd, moet die voldoen aan de verwachtingen die u als klant redelijkerwijze mocht hebben. Voldoet de reis niet aan die verwachtingen, dan is uw reisorganisator aansprakelijk voor de gevolgen.

4 IN DE DIGITALE WERELD

Computers, smartphones en internet zijn in het moderne leven niet meer weg te denken. Ze bieden veel gemak en plezier, maar er zitten ook haken en ogen aan.

In dit hoofdstuk gaan we in op enkele veelvoorkomende kwesties waar de consument in de digitale wereld tegenop kan lopen. Zoals de vraag: mag ik nu wel of niet downloaden? En ook: hoe zit het met mijn privacy als ik bijvoorbeeld een sociaalnetwerksite bezoek?
U kunt ook ruzie krijgen met uw telecomprovider, bijvoorbeeld omdat u nota's blijft ontvangen nadat u naar een andere provider bent overgestapt. Verder gaan we in op telefonische verkoop, uw rechten bij internetten in het buitenland en wat u kunt doen als een computer of een ander digitaal apparaat het niet (meer) doet.

4.1 Downloaden

Veel mensen gebruiken een bestandenruilsysteem als BitTorrent en Limewire om muziek en films binnen te halen. Gratis en erg gemakkelijk. Het ongeautoriseerde aanbod van kopieën van muziek en films op internet is zó onuitputtelijk, dat het als een argument wordt gebruikt om op deze manier te downloaden. Want downloadwinkels van de entertainmentindustrie, zoals iTunes, hebben niet zo'n uitgebreide collectie.

4.1a Mag ik downloaden?

Even een belangrijk misverstand uit de weg ruimen: downloaden van muziek en films mag. Althans, volgens de huidige Nederlandse wetgeving. Alleen als je de bestanden aanbiedt (uploaden) zonder de auteursrechten te bezitten, ben je illegaal bezig. Games en software downloaden zonder ervoor te betalen is wel strafbaar, stelt de wet.
Volgens een uitspraak van het Gerechtshof in Den Haag (15 november 2010)

is ook downloaden uit illegale bron onder het Nederlandse recht toegestaan. In een eerdere uitspraak in 2008 stelde de rechter nog dat dit strafbaar was. Dit vonnis is nu in hoger beroep teruggedraaid.
Verder bevestigt het Hof dat de thuiskopievergoeding (zie par. 4.1b) bedoeld is als compensatie voor het nadeel dat rechthebbenden ondervinden van het privékopiëren. Deze uitspraak heeft daarmee invloed op de hoogte van de thuiskopievergoeding.

Ruilnetwerken

Het is volgens de uitspraak van het Gerechtshof in Den Haag niet strafbaar om illegaal gepubliceerde muziek te downloaden. Maar veel ruilnetwerken verplichten de gebruiker ook zelf bestanden aan te bieden, wat wél illegaal is. Bijvoorbeeld bij netwerken waarbij een bestand dat u heeft gedownload automatisch in een 'Shared'-folder terechtkomt. Op dat moment is het voor anderen toegankelijk (en dus te downloaden) en bent u strafbaar.

4.1b Mag ik kopiëren?

De hoofdregel van de Auteurswet is dat auteursrechtelijk beschermde werken niet mogen worden verveelvoudigd of openbaar gemaakt, tenzij de rechthebbenden daarvoor van tevoren toestemming hebben gegeven. Een kopie is een verveelvoudiging en die zou u dus alleen mogen maken als u daarvoor toestemming heeft gekregen van de auteursrechthebbende. Als u zonder die toestemming een beschermd werk kopieert, zou u zich schuldig maken aan schending van het auteursrecht.
Maar de Auteurswet kent een belangrijke uitzondering: uitsluitend voor eigen oefening, studie of gebruik mag u zonder toestemming van de auteursrechthebbende (van een foto, gedicht enzovoort) een enkele kopie maken. De nadruk ligt op 'eigen'. U mag ook een kopie maken voor iemand anders die deze dan zelf gaat gebruiken (uw moeder kan u bijvoorbeeld vragen een artikel te fotokopiëren zodat zij het ook kan lezen).
Bij muziek en film mag u *uitsluitend* voor uzelf een kopie maken. Een kopie voor een ander, of dat nu gratis of tegen betaling is en wel of niet op verzoek gebeurt, mag niet.
Dat een kopie voor eigen gebruik is toegestaan, betekent uiteraard verlies aan inkomsten voor de rechthebbenden. Om dit verlies enigszins te compenseren werd in 1991 een thuiskopievergoeding geïntroduceerd over

blanco beeld- en geluidsdragers. Sinds 2004 is deze thuiskopievergoeding van toepassing op 'voorwerpen die bestemd zijn om een werk ten gehore te brengen, te vertonen of weer te geven'.
U mag dus zonder toestemming van de rechthebbende een privékopie van zijn beschermde werk maken. Maar dat betekent niet dat u hier *recht* op heeft. U kunt niet van de auteursrechthebbende verlangen of eisen dat deze het u mogelijk maakt een privékopie van zijn beschermde werk te maken. Dat betekent dat de rechthebbenden het maken van een privékopie via een beveiliging kunnen blokkeren. Het aanbrengen van technische beveiligingen wordt ook wel *Digital Rights Management* (DRM) genoemd.
Iedere beveiliging valt te kraken, blijkt uit de praktijk van de afgelopen jaren. Maar het bewust omzeilen van die beveiligingen is (op grond van artikel 29a van de Auteurswet) verboden.

4.1c Toekomst

Doorgaan op de huidige weg betekent min of meer toestaan van downloaden. Of er moeten strengere wetten komen die het zonder toestemming downloaden van auteursrechtelijk beschermd materiaal strafbaar maken. De entertainmentindustrie en haar belangenbehartigers pleiten daar sterk voor.

Meer informatie

- www.indicare.org
- http://en.wikipedia.org/wiki/Digital_Rights_Management
- www.beuc.org
- www.auteursrecht.nl
- www.thuiskopie.nl

Laatste ontwikkeling

Staatssecretaris Teeven van Justitie heeft op 11 april 2011 een downloadverbod aangekondigd. In het voorstel van de staatssecretaris wordt het voor consumenten onrechtmatig om muziek en films te downloaden uit illegale bron, maar hoeven zij niet bang te zijn voor strafrechtelijke vervolging. De handhaving van het auteursrecht – en dus ook van downloaden uit illegale bron – ligt echter bij het civiele recht. Het strafrecht speelt hierin nauwelijks een rol.

De staatssecretaris stelt dat hij niet het downloaden strafbaar maakt, maar zich richt op downloadsites. Maar door het onrechtmatig maken van downloaden kan de muziek- en filmindustrie wel degelijk consumenten voor de civiele rechter slepen. De Consumentenbond vindt de belofte van staatssecretaris Teeven dat consumenten worden ontzien dus een wassen neus.
De Consumentenbond slaat in een voorstel samen met Ntb (het zakelijk en juridisch expertise-centrum voor musici, dansers en acteurs) en FNV Kiem (de vakbonden voor musici, dansers en acteurs) een heel andere richting in dan de staatssecretaris bepleit. Zij stellen voor om met een stelsel van heffingen het down- en uploaden te legaliseren en de opbrengsten onder de creatieven te verdelen. Hiermee worden consumenten daadwerkelijk ontzien, terwijl de artiesten de beloning ontvangen waar zij recht op hebben.

4.2 Privacy

Online is er eigenlijk geen privacy meer: zoekmachines weten alles te vinden en wat nog niet op internet staat, vul je zelf wel aan, bijvoorbeeld door op een netwerksite je gegevens in te voeren en je profiel openbaar te maken. Steeds meer mensen hebben naast een netwerkprofiel ook een openbaar fotoalbum op Flickr of Picasa en sturen berichtjes de wereld in via Twitter. Er is dus snel veel te weten te komen over iemand.
Dat wordt nog versterkt door sociaalnetwerksites als Hyves en Facebook, die standaard veel gegevens voor iedereen zichtbaar zetten, en niet alleen voor bekenden. Dat blijkt uit onderzoek dat de Consumentenbond heeft gedaan naar de privacy van netwerkdiensten (zie *Digitaalgids* mei/juni 2010). Bij Hyves en Facebook ziet iedereen standaard uw naam, profielfoto en vriendenlijst. Facebook toont ook uw familieleden, interesses en foto's. Van uw profiel op LinkedIn, het onlinenetwerk voor zakenrelaties, verschijnt een aantal gegevens gewoon in Google.
Gelukkig heeft u als gebruiker een redelijke mate van controle over de zichtbaarheid van uw profiel. De meeste privégegevens zijn af te schermen voor onbekenden (niet-vrienden). De drie netwerksites bieden de mogelijkheid om bepaalde informatie alleen te delen met bekenden. Makkelijk is dat echter niet. Alle drie hebben op een dieper niveau extra privacyinstellingen verstopt.

Voorkomen is beter dan genezen

Eigenlijk zou u bij alles wat u op internet doet, moeten denken: 'Wil ik dat iedereen op straat dit weet of ziet?' Wilt u toch informatie op internet openbaar maken op bijvoorbeeld een weblog of forum, denk dan aan het volgende.

- Blijf anoniem: gebruik een alias of voorletter. Als u heel actief op internet bent, leidt een vast alias ook tot een herleidbare geschiedenis. Het is heel moeilijk om je echt anoniem op internet te bewegen.
- U kunt ook een veelvoorkomende naam gebruiken, zodat informatie niet te herleiden valt.
- Neem een tweede (anoniem) e-mailadres, zoals Gmail of Hotmail.
- Maak uw profiel op een netwerksite enkel zichtbaar voor vrienden.
- Houd werk en privé gescheiden. Voorkom dat u onbedoeld gevoelige zaken over/van uw werk onthult. Bedenk ook dat u het imago van uw bedrijf kunt schaden.
- Diensten als Twitter bieden aan om de contacten in uw e-mailadresboek als vrienden te importeren. Bedenk wel dat misschien niet iedereen op uw lijst wil voorkomen.
- Laat het wachtwoord niet automatisch opslaan (ook niet door de browser); log uit na iedere sessie (gebruik niet de 'blijf aangemeld'-functie) en gebruik een wachtwoord dat niet eenvoudig te achterhalen is op internet (neem dus niet de naam van uw partner).

Van persoonlijke bijdragen op een weblog of een foto van een feestje kun je nog denken dat het niet zo erg is dat ze op internet te vinden zijn. Maar het kan veel vervelender uitpakken. In alle situaties hangt het ervan af wie de informatie bekijkt. Je hebt geen greep op hoe de informatie wordt geïnterpreteerd.
De gegevens kunnen ook gekoppeld worden, waardoor er een profiel van je gevormd wordt.

4.2a Bescherming persoonsgegevens

Zijn persoonlijke gegevens dan niet beschermd? Volgens de Grondwet heeft iedereen recht op eerbiediging van de persoonlijke levenssfeer. Alleen de wet mag bepalen wanneer hiervan mag worden afgeweken.

Mobieltje

De toekomst van internet is mobiel. Nu al hebben alle netwerksites een mobiele versie waarmee je op elke plek en elk moment contact kunt onderhouden met vrienden. Steeds meer diensten maken gebruik van *geotagging*: foto's gemaakt met een iPhone-standaard worden voorzien van informatie over de locatie. Er zijn diensten waarop je precies ziet waar je vrienden nu zijn. Ook heel interessant voor reclamemakers en ongure figuren. Actieve mobiele twitteraars laten een kruimelspoor achter.
Een groter risico is het toestel zelf. Laat een smartphone ergens liggen en de vinder heeft toegang tot mail, adresboek, agenda en steeds vaker ook het sociale netwerk. Een wachtwoord of pincode voorkomt dat mensen direct bij uw gegevens kunnen. Maar bij veel apparaten is dat niet voldoende. Bestanden zijn vaak eenvoudig uit te lezen zonder invoeren van het wachtwoord.
Gelukkig zijn bij veel smartphones de gegevens op afstand te wissen, zelfs als de telefoon niet meer in uw bezit is. U moet dit wel eerst op uw telefoon instellen. Voor laptops is er geen gratis wissen-op-afstand-dienst. Er zijn wel betaalde diensten, maar die zijn redelijk duur (€50 per jaar).

De Wet bescherming persoonsgegevens (Wbp) geeft een meer gedetailleerde bepaling van uw rechten en de regels waaraan ondernemers zich moeten houden. Deze wet stelt onder meer dat als een ondernemer uw gegevens gebruikt, deze juist en volledig moeten zijn. De gegevens mogen bovendien alleen worden benut voor het doel waarvoor u ze heeft verstrekt. Gegevens die op een website staan, mogen niet zonder geldige reden door een andere site worden overgenomen.
De overheid mag veel meer dan het bedrijfsleven. Zij mag alle opgeslagen gegevens gebruiken voor opsporingsonderzoeken. Natuurlijk is ook de overheid gehouden aan de wet. De politie heeft een bevel van de officier van justitie of van de rechter-commissaris nodig voor ze kan aankloppen bij providers en telecombedrijven voor inzage in persoonlijke gegevens. Inlichtingendiensten hebben de handtekening van de minister van Binnenlandse Zaken nodig.
Internetaanbieders en telecombedrijven hebben een bewaarplicht, gebaseerd op de Wet bewaarplicht telecommunicatiegegevens. Zij moeten de

Telefoontap
Als de politie een goede reden heeft om de telefoon van iemand af te luisteren, zal de rechter-commissaris een tapbevel afgeven. Telecombedrijven zijn dan verplicht met de politie mee te werken. Nederland is het land met de meeste telefoontaps ter wereld.

'verkeersgegevens' van hun klanten 12 maanden bewaren. Daartoe behoren gebelde telefoonnummers, de locatie van de beller, namen en e-mailadressen van ontvangers en afzenders van elektronische post. Overigens zijn er plannen om onderscheid te gaan maken tussen de bewaartermijnen voor internetgegevens (6 maanden) en telecommunicatiegegevens (12 maanden). Dit voorstel is nog in behandeling bij de Tweede Kamer.
Het College Bescherming Persoonsgegevens (CBP) ziet toe op de naleving van deze wetten. Als u een geschil heeft over de aantasting van uw privacy, kunt u eveneens terecht bij het CBP. Het CBP kan eventueel (kosteloos) bemiddelen in uw geschil.
Meer informatie vindt u op www.mijnprivacy.nl; www.privacyinternational.org en www.torproject.org.

4.2b Inventarisatie

Als u wilt weten wat er over u op internet te vinden is, kunt u beginnen uw eigen naam in Google of www.wieowie.nl in te typen. Naast deze publiek toegankelijke informatie is de kans groot dat er gegevens van u zijn opgeslagen in databanken van bedrijven en instellingen. In theorie heb je in Nederland en andere EU-landen recht op inzage in de gegevens die bedrijven en instellingen opslaan. U kunt daarnaar vragen en de gegevens corrigeren of laten verwijderen. Maar in de praktijk is toegang krijgen tot opgeslagen gegevens lastig.

Anonieme zoekmachine
De Nederlandse zoekmachine Ixquick (www.ixquick.nl) bewaart zoekopdrachten van gebruikers niet langer dan 48 uur. Ixquick is een metazoekmachine. Gebruikers doorzoeken minimaal tien populaire zoekmachines, maar blijven anoniem.

4.2c Verwijderen

In de Wet bescherming persoonsgegevens is vastgelegd dat iemand die persoonsgegevens publiceert (ook foto's en een IP-adres, een uniek nummer om een computer te identificeren die is aangesloten op het internet) verantwoordelijk is voor naleving van de wet. Zo moet diegene uitdrukkelijke toestemming hebben om iemands gegevens of foto te publiceren.

Als uw foto tegen uw zin op internet staat, zult u om verwijdering moeten vragen. Het wegkrijgen van uw gegevens op internet en uzelf 'ontgooglen' (ervoor zorgen dat u met zoekmachines niet meer gevonden kunt worden) is makkelijker gezegd dan gedaan. Eerst moet de informatie weg uit de bron, de plek waar deze gepubliceerd is. In de veelgestelde vragen op websites staat soms hoe u een account (op bijvoorbeeld een netwerksite) of gegevens die u zelf op de site heeft gezet, kunt weghalen.

Vindt u hier niets over, dan moet u contact opnemen met de beheerder van de website. Soms staan de contactgegevens al onder het kopje Contact van de betreffende site. Anders kunt u op sidn.nl achter contactgegevens komen. Vul bij het blok 'Whois' aan de rechterkant onder de datum de website in, druk op 'Enter' en vink 'Uitgebreid' aan.

Weg met cookies

Er wordt meer van u bewaard dan u lief is: op internet, uw eigen computer en bij de internetprovider. Het gaat niet alleen om foto's en persoonlijke gegevens. Op basis van onder meer uw IP-adres en cookies (een bestandje dat een website op uw computer achterlaat om daar informatie op te slaan, zoals de instellingen) zijn uw surfgedrag en voorkeuren voor websites te achterhalen. Die informatie kan ook gebruikt worden voor marketingdoeleinden.

In de *Digitaalgids* van maart/april 2011 staat hoe u *cookies* van uw pc verwijdert en ook hoe u voorkomt dat ze er überhaupt op komen.

Daarnaast hebben internetproviders inzicht in uw surfgedrag. Ze moeten bovendien voldoen aan de bewaarplicht voor verkeersgegevens. Dat houdt in dat ze onder meer moeten registreren met wie en wanneer u e-mailt. Justitie en politie kunnen deze gegevens opvragen.

Tot slot zijn er nog situaties die niets te maken hebben met zelf onveilig surfen op internet, maar met slechte beveiliging van websites.

Hoe krijg ik mijn data van het web?

1. Kijk in de FAQ van de website of en hoe u data kunt verwijderen.
2. Vraag de beheerder van de website om verwijdering (via www.sidn.nl).
3. Vraag het de hostingprovider, waar de websitebestanden staan (zoek via domeindelver.nl).
4. Vraag Google of deze de informatie uit de zoekresultaten verwijdert. Surf naar http://www.google.nl/intl/nl/privacy/tools.html, ga naar 'Veelgestelde vragen over privacy' en 'Hoe kan ik Google bereiken als ik een vraag of klacht heb over privacy?'
5. Als niets werkt, rest alleen een gang naar de rechter.

Een website van een particulier kan overigens moeilijker te achterhalen zijn. Van websites die niet eindigen op .nl kunt u het mailadres en de naam vinden op whois.org.

U kunt de beheerder van de website vragen de privé-informatie te verwijderen. Dit kan met de voorbeeldbrieven die staan op www.mijnprivacy.nl (een website van het College bescherming persoonsgegevens) onder 'Ik heb een vraag over'. Klik achtereenvolgens op 'Internet', 'Persoonsgegevens laten verwijderen' en 'Ik wil gegevens over of van mij van websites of discussiefora laten verwijderen'.
Indien de beheerder gehoor geeft aan uw verzoek duurt het nog een tijdje voor u uit de Google-resultaten verdwijnt. Bovendien zijn de gegevens nog via online-archieven te vinden. Is het verzoek tot verwijdering dringend, dan zult u ook een verzoek aan de verschillende zoekmachines moeten richten.
Probeer er eerst uit te komen met de beheerder van de website of degene die de gegevens geplaatst heeft. Heeft die daar geen oren naar, dan kunt u het College bescherming persoonsgegevens om bemiddeling vragen. Informatie daarover staat op www.mijnprivacy.nl. Het is overigens niet zeker dat het college bemiddelt. In het uiterste geval moet u naar de rechter. Die kan een bindende uitspraak doen over verwijdering van de gegevens. Aan een gang naar de rechter kleven wel nadelen. Zo kan het enige tijd duren voor er een uitspraak is. Bovendien kost zo'n procedure veel geld. En een rechtsbijstandsverzekeraar neemt niet elke zaak in behandeling. Kortom, u zult niet altijd uw recht kunnen halen in dit soort situaties.

Wat u moet doen, vindt u samengevat in het kader 'Hoe krijg ik mijn data van het web?'.

4.3 Telecomproviders

Telecombedrijven horen zich te houden aan de Telecommunicatiewet. De OPTA (zie Adressen) is de instantie die toezicht houdt op naleving ervan. Telecombedrijven moeten de telefoonrekening begrijpelijker maken. En het moet consumenten makkelijker worden gemaakt de aanbieders te vergelijken. De staatssecretaris van Economische Zaken heeft dit in oktober 2010 met de bedrijven afgesproken. Heemskerk verwacht vanzelf lagere tarieven als er meer duidelijkheid komt. Hij schakelt de OPTA in om via overleg tot eenvoudigere tarieven te komen.

STEKELIGHEID

Hard bezig

De telefoon van zijn dochter is vrijdags gestolen. Onmiddellijk belt de heer Van Kranendonk uit Zutphen het blokkeernummer van Ben. 'Maar het blokkeersysteem werkte voortdurend niet. Toen Ben op maandag weer bereikbaar was, bleek dat er al voor meer dan €1000 met het gestolen toestel was gebeld. Het nummer was dus helemaal niet geblokkeerd. En Ben wil er verder niets aan doen.'
Op een vraag van de Consumentenbond meldt Ben: 'We zijn er hard mee bezig'. Daarna wordt niets meer van Ben vernomen, totdat Van Kranendonk schrijft dat Ben heeft beloofd een groot deel te vergoeden, maar later toch een aanmaning stuurt voor het hele bedrag. Ben kan blijkbaar ook incasso's niet blokkeren.
Stekeligheden, Consumentengids februari 2011

4.3a Overstappen

De meeste internetproviders beloven dat u bij een overstap binnen 24 uur weer online bent. Nog te vaak duurt het langer. In het kader 'Overstappen zonder zorgen' vindt u tips voor een soepele overstap.
Al jaren regent het klachten bij de afdeling Service en Advies van de Consumentenbond: 'Ik heb een nieuw abonnement aangevraagd, maar zit drie weken na de overgangsdatum nog steeds zonder internet' en 'Mijn oude

Overstappen zonder zorgen

1. Check de opzegtermijn en de einddatum van het oude contract. Houd rekening met doorlopende kosten bij voortijdige opzegging.
2. Kies uw nieuwe provider minimaal vier weken (check de levertijd) vóór de gewenste overstapdatum.
3. Heeft uw nieuwe provider een overstapservice? Zo ja, volg de procedure zoals vermeld op de website van uw nieuwe provider. Zo nee, check bij de nieuwe provider de beschikbaarheid van internet en de aanvraagtermijn. Doe een aanvraag. Volg bij de nieuwe provider de procedures voor het eventueel overzetten van uw telefoon met nummerbehoud.
4. Stapt u over van ADSL naar ADSL? Zo ja, zeg dan op bij de oude provider na ontvangst van de nieuwe aansluitdatum. Kies als einddatum de aansluitdatum. Vermeld hierbij duidelijk 'overstap naar [nieuwe providernaam]'. Zo nee, annuleer de oude aansluiting op een datum na de start van het nieuwe abonnement. Neem dit ruim; het liefst enkele weken.

provider blijft me maar rekeningen sturen'. Blijkbaar is het wisselen van internetprovider een operatie waarbij veel mis kan gaan. Daarom blijven mensen hun provider lang trouw, want 'overstappen is zo'n gedoe'.
Dat is uiteraard geen goede situatie. Klanten moeten makkelijk van aanbieder kunnen wisselen als zij elders een betere aanbieding zien, of dat nu technisch complex is of niet. Belangrijke internetproviders, waaronder KPN, Online, Tele 2, Telfort, UPC en Ziggo, beloofden de minister van Economische Zaken beterschap: vanaf 1 januari 2009 zou zeker 95% van de overstappers binnen een dag weer online zijn bij de nieuwe provider.
Om de belofte te kunnen waarmaken, lanceerden de providers een over-

Overstapservice Consumentenbond

Op www.consumentenbond.nl kunnen leden en niet-leden gebruikmaken van de Overstapservice internet, bellen en digitale tv. Leden die van deze service gebruikmaken, krijgen bovendien binnen twee maanden een overstapbonus op hun rekening gestort.

stapservice, waarbij een aanvraag bij de nieuwe provider ook automatisch een opzegging is bij de oude aanbieder. Maar uit een onderzoek in de *Digitaalgids* van januari/februari 2010 bleek dat er ook met de overstapservice nog van alles misging.

STEKELIGHEID

Mooie boel

'Mooie boel', vindt de heer Van de Sanden uit Tilburg; 'als ik bij Canal Digitaal overstap op een ander abonnement, int het bedrijf geld voor zowel mijn nieuwe als mijn oude abonnement. Als ik vraag het geld voor mijn oude abonnement terug te storten, kan dat niet, omdat bedragen onder de €60 alleen verrekend worden met bedragen die ik nog moet gaan betalen.'

Hij beklaagt zich bij de Consumentenbond, die bij Canal Digitaal informeert. Het bedrijf erkent dat het te veel heeft afgeboekt. 'Door een misverstand heeft de heer Van der Sanden het geld nog niet ontvangen. Het wordt alsnog teruggestort. En het beleid om bedragen onder de €60 te verrekenen, is aangepast.'

Mooi, maar jammer dat de Consumentenbond eraan te pas moest komen.

Stekeligheden, Consumentengids april 2011

4.3b Foutloos overstappen naar combinatiedienst

Steeds meer mensen kiezen voor een combinatiedienst: bellen, internet en tv-kijken bij één provider (*triple-play*). Wanneer u overstapt naar een combinatiedienst is dit ons advies.

1. Bepaal aan de hand van uw internet- en belgedrag welk abonnement bij u past. Let op kosten, acties, snelheden, contractduur en voorwaarden.
2. Doe de postcodecheck op de website van de provider van uw keuze. Dan ziet u of het abonnement op uw postcode beschikbaar is.
3. Bekijk het contract van uw huidige abonnement en let op de datum waarop het contract afloopt en op de opzegtermijn.
4. Meld u aan voor het nieuwe abonnement op de website van de nieuwe provider. Gebruik de datum waarop uw huidige abonnement afloopt als aansluitdatum voor het nieuwe abonnement. Zo heeft u tijdens de installatie hooguit een dag geen internetverbinding. Zeg dat u een overstapper bent en (desgewenst) dat u uw telefoonnummer wilt behouden. Vraag om een bevestiging.

Beter laat?

Als de Consumentenbond vraagt hoe het zit met de klacht van de heer Kremer uit Enschede vindt Ziggo het 'heel vervelend voor de klant' en erkent dat deze zaak 'veel te lang heeft geduurd'.

Wat heet, want Kremer heeft al in september 2009 zijn drie losse abonnementen bij Ziggo laten omzetten in een goedkoper Alles-in-éénbasispakket met decoder. Dat lijkt echter een onmogelijke opdracht voor Ziggo. Kremer raakt gedurende anderhalf jaar verzeild in een draaideur van telefoontjes, mails en chatsessies.

'Het is zelfs een paar keer voorgekomen dat een Ziggo-medewerker de verbinding verbrak met "Ik kan u helaas niet verder helpen, prettige dag nog"', verzucht Kremer. In december 2010 krijgt hij eindelijk een basispakket, maar niet het pakket dat hij heeft aangevraagd. Hij betaalt nu hetzelfde tarief als voorheen. En ook de decoder is nog steeds niet geleverd. Pas na tussenkomst van de Consumentenbond komen er excuses en krijgt hij een decoder en het te veel betaalde terug. Dan moet alleen het tarief nog worden aangepast en dat gebeurt met ingang van februari. Precies 535 dagen na de aanvraag.

Stekeligheden, Consumentengids april 2011

Triple-play

Triple-play is handig: telefoon, televisie en internet in één. Maar wat als er in de voorwaarden of de prijs iets verandert? Mag u dan alles opzeggen? Volgens de richtlijnen van de OPTA mag dat inderdaad, mits u vanaf het begin één contract heeft afgesloten voor alle drie.

Heeft u niet direct in het begin een contract voor alle drie de diensten gesloten, dan kunt u alleen het onderdeel opzeggen waarvan de voorwaarden of de prijs wijzigen.

Voor de beoordeling of er sprake is van één contract voor meerdere diensten gelden de volgende uitgangspunten:

- worden de diensten tegelijkertijd via één bestelprocedure aangeboden?
- worden de diensten onder één aanduiding of naam aangeboden?
- worden de diensten tegen één tarief aangeboden?
- zijn de diensten technisch gezien onlosmakelijk verbonden?

Hoe vaker het antwoord 'ja' is, des te duidelijker gaat het om één contract.

5. Zeg na de bevestiging uw huidige contract op en meld dat u overstapt naar een andere aanbieder. Verzoek het ADSL-signaal op de lijn actief te laten (geldt niet bij een overstap naar de kabel), zodat de nieuwe provider de verbinding zonder onderbreking kan voortzetten. Vraag om een bevestiging.
6. Vervolgens kunt u binnen een dag na het aflopen van uw huidige abonnement gebruikmaken van de diensten van het nieuwe abonnement, calamiteiten uitgezonderd.

Houd er wel rekening mee dat sommige providers van gebundelde diensten de opzegdatum hanteren van de laatst afgesloten dienst. Heeft u bijvoorbeeld een jaar geleden een internetabonnement afgesloten en een halfjaar later een daaraan gekoppeld telefonieabonnement, dan geldt de opzegdatum van het telefonieabonnement ook voor het internetabonnement.

Voorwaarden

De diensten telefonie, internet en digitale tv worden nu vaak als pakket aangeboden. De voorwaarden sluiten daar nog niet altijd op aan. Vaak heeft iedere dienst uit het pakket nog zijn eigen voorwaarden. Soms levert dat vreemde situaties op: als u bij Multikabel het 3-in-1-pakket bestelt, zit u er één jaar aan vast. Bestelt u digitale tv apart, dan heeft u een contract voor drie maanden.

4.3c Wijziging in voorwaarden of prijs

Uw rechten en plichten tegenover een telecomaanbieder staan omschreven in de algemene voorwaarden. Die mag de aanbieder niet zomaar veranderen. Dat geldt ook voor de prijs.

De aanbieder moet u minimaal vier weken van tevoren precies vertellen wat hij wil gaan veranderen. Als een wijziging voor u als consument nadelig is – op welk punt dan ook – mag u zonder verdere kosten uw abonnement opzeggen. Daar moet uw aanbieder aan meewerken. Doet hij hier moeilijk over of verbindt hij voorwaarden aan het opzeggen, neem dan contact op met ConsuWijzer (zie Adressen).

Er geldt een uitzondering: als de telecomaanbieder de algemene voorwaarden of prijzen moet veranderen op basis van een nieuwe regel van de overheid of in de wet, kunt u niet zomaar opzeggen.

Ook als in de overeenkomst een periodieke, duidelijk omschreven prijsverhoging is opgenomen, is in beginsel geen sprake van een wijziging van de voorwaarden. U bent in dat geval bij het sluiten van de overeenkomst akkoord gegaan met de bepaling dat de tarieven periodiek met een bepaald bedrag of percentage worden verhoogd. Het opzeggingsrecht geldt dan niet.

4.3d Opzeggen vanwege haperende dienst

Wat als er een probleem is met uw telefoon, televisie of internet? U kunt de overeenkomst dan niet direct beëindigen. U moet de maatschappij namelijk eerst de gelegenheid geven de problemen te verhelpen. Omschrijf in een brief precies per dienst de problemen en geef de maatschappij de gelegenheid om ze binnen een redelijke termijn te verhelpen. Wat een redelijke termijn is, hangt af van de omstandigheden.
Pas als de aanbieder niet binnen een redelijke termijn aan uw verzoek kan of wil voldoen, kunt u in het uiterste geval van uw overeenkomst af. U moet de maatschappij dan wel in een brief melden dat u het contract voor alle drie de diensten wilt laten ontbinden.
Ontbinden kan alleen als de problemen echt ernstig zijn en niet aan u te wijten zijn.
Komt u er met de aanbieder niet uit, dan kunt u mogelijk de Geschillencommissie Centrale Antenne Inrichtingen, Elektronische Communicatiediensten of Telecommunicatie (zie Adressen) inschakelen. Deze behandelen geschillen tussen consumenten en telecommaatschappijen die bij de commissie zijn aangesloten en doen hierover een bindende uitspraak.
Is de aanbieder niet aangesloten bij deze geschillencommissie, dan zult u naar de rechter moeten stappen. Vraag dan wel eerst informatie op bij een rechtswinkel, het Juridisch Loket of uw rechtsbijstandsverzekeraar, zie ook par. 1.4a. De weg naar de rechter is lang en kostbaar; u moet dus

STEKELIGHEID

'Enkele maanden'

'Een bekend probleem, meer mensen hebben er last van, maar het kan nog wel enkele maanden duren voordat uw haperende internetverbinding weer goed werkt.' Zo probeert internetprovider Zeelandnet de heer Winters uit Terneuzen eind juni 2010 af te wimpelen. Een router zou volgens de provider de oplossing zijn, maar die wil Zeelandnet niet verstrekken. De heer Winters eist toch een gratis router en meldt zijn klacht aan Stekeligheden. Als de Consumentenbond om opheldering vraagt, rept Zeelandnet van 'een kleine miscommunicatie'. Een monteur plaatst gratis een router, maar daarna hapert behalve internet ook de telefoon. Drie weken na de interventie van de Consumentenbond is het probleem verholpen en krijgt de heer Winters een maand abonnementsgeld terug.
Stekeligheden, Consumentengids november 2010

wel enige zekerheid hebben dat deze stap de moeite waard is en kans van slagen heeft.

4.3e Stilzwijgende verlenging

Doorgaans sluit u een abonnement voor telefonie, internet of televisie af met een vaste looptijd: één of twee jaar. Als u het abonnement niet opzegt, verlengt de aanbieder het contract automatisch ('stilzwijgende verlenging'). Dit mag hij doen, maar alleen voor een periode van een jaar.
Na zo'n stilzwijgende verlenging met een jaar kunt u het abonnement opzeggen wanneer u wilt. Er geldt dan een opzegtermijn van maximaal één maand. Die maand gaat direct lopen op de dag dat u uw contract opzegt.
Let op, deze korte opzegtermijn geldt niet als u zelf heeft ingestemd met een verlenging of vernieuwing van uw abonnement. Uw verlenging is dan immers niet 'stilzwijgend'. Ook als u als ondernemer een zakelijk abonnement heeft, geldt de opzegtermijn van een maand niet.
Verder is het goed te weten dat de maand opzegtermijn voor contracten die stilzwijgend verlengd zijn, alleen geldt voor telefonie-, internet- en televisiediensten. Voor abonnementen voor bijvoorbeeld tijdschriften gelden deze regels niet.

TIP

Contract met onbepaalde looptijd

Als u een contract met onbepaalde looptijd heeft, geldt altijd maximaal één maand opzegtermijn. Ook wanneer uw aanbieder zegt dat dit niet zo is.

4.4 Telefoonterreur

4.4a Betaalde sms-diensten

Consumenten betalen veel geld voor sms-diensten waar ze meestal niet om hebben gevraagd. Dat blijkt uit de bijna 300 reacties op het meldpunt 'Klachten sms-diensten' dat de Consumentenbond in september 2009 via consumentenbond.hyves.nl opzette.
Het gaat om diensten die via het sturen en/of ontvangen van een sms-bericht worden afgenomen. De inhoud (*content*) van de dienst kan heel divers zijn. Denk aan ringtones voor een mobiele telefoon, logo's, chatberichten, quizzen, spelletjes en informatie. Voor deze sms-berichten, zowel ontvangen

als verzonden, geldt een (vaak veel) hoger tarief dan gebruikelijk is voor 'reguliere' sms-berichten.
Sms-diensten worden geleverd op basis van een overeenkomst tussen de gebruiker van een telefoon (dit kan de abonnee zijn, maar dat hoeft niet) en een aanbieder van de sms-dienst. Meestal is deze sms-contentaanbieder een andere partij dan de telecomprovider. Maar de betaling van de dienst loopt meestal via de telefoonrekening. De telecomprovider brengt dan dus bij zijn abonnee kosten in rekening voor diensten van een ander. Een abonnee kan op zijn telefoonrekening dus zowel bedragen voor de geleverde openbare telefoondienst aantreffen, als bedragen voor andere diensten, zoals sms-diensten.
Vaak gaat het om diensten voor onbepaalde duur (in de vorm van een abonnement), die je alleen kunt beëindigen door een afmelding. De kosten van zulke diensten kunnen (zeer) hoog oplopen. Bij het meldpunt van de Consumentenbond was sprake van rekeningen die uiteenliepen van €3 tot duizenden euro's. Hierover klagen bij de telecomprovider, die een deel van de winst in eigen zak steekt, leverde bar weinig op.
De Consumentenbond heeft diverse klachten hierover bij de Reclame Code Commissie ingediend en ook op andere manieren actie gevoerd. Mede dankzij die druk heeft de overheid ingegrepen en in de Telecommunicatiewet diverse bepalingen opgenomen ter versterking van de positie van de consument als gebruiker van (openbare) elektronische communicatiediensten.

STEKELIGHEID

Foutje

In een brief van KPN staat dat het ADSL Go-abonnement van de heer Okkerse uit Hoevelaken zal worden omgezet in een Internet Basis-abonnement. Gratis.
Okkerse schrijft 'natuurlijk zeer verheugd' te zijn. 'Mijn snelheid gaat omhoog en ik krijg gratis een spamfilter! Bovendien zou het me €5,95 per maand besparen. Narekenen leert me echter dat ik geen voordeel, maar een nadeel van €3,05 per maand heb.'
KPN, door de Consumentenbond met de klacht geconfronteerd, buigt: 'Okkerse heeft een verkeerde brief ontvangen.' Er volgen 'welgemeende excuses' en een cadeaubon. Dan blijkt dat 9000 mensen dezelfde verkeerde brief ontvingen...
Stekeligheden, Consumentengids december 2010

Nieuwe regels
Met ingang van 1 april 2011 zijn de regels verder aangescherpt in het voordeel van de consument. Consumenten kunnen nu niet zomaar door hun mobiele aanbieder worden afgesloten als drukmiddel om betaling voor ongewilde sms-diensten af te dwingen. 'Hierdoor komt de consument veel sterker te staan bij klachten over dure en vaak ongewilde sms-diensten. Daarnaast is dit een duidelijke prikkel voor belbedrijven om alleen nog zaken te doen met bonafide sms-bedrijven, zodat er een einde komt aan het gesjoemel met sms'jes', aldus minister Verhagen.
De nieuwe regels bepalen dat aanbieders van mobiele telefonie de mobiele telefoon van een consument niet zomaar meer mogen afsluiten als die consument een klacht heeft ingediend over kosten voor ongewilde sms-diensten. Het bedrijf moet eerst uitzoeken en kunnen aantonen dat de klant de betreffende sms-dienst op basis van een goed geïnformeerd besluit heeft afgenomen. Voor alle sms-diensten boven de €1,50 geldt nu bovendien dat de consument duidelijk akkoord moet zijn gegaan met het afrekenen van die sms-dienst via de telefoonrekening.
Heeft u zich via uw mobieltje per vergissing aangemeld voor een betaalde sms-dienst, dan hoort bij de schriftelijke bevestiging van de aanmelding ook aangegeven te zijn hoe u de sms-dienst opzegt. Bovendien hoort uw mobieletelecomprovider deze informatie op zijn website te hebben voor alle sms-diensten die gebruikmaken van zijn netwerk. Een derde mogelijkheid is te rade gaan bij de helpfunctie van het sms-abonnement. Zie voor algemene informatie www.smsafzeggen.nl.

Beschermen kinderen
De nieuwe regels verplichten belbedrijven ook om zowel prepaidopties als abonnementen aan te bieden waarbij het niet mogelijk is sms-diensten af te nemen. Ook moeten belbedrijven hun klanten gratis de mogelijkheid bieden sms-diensten te laten blokkeren. Deze laatste maatregelen neemt Verhagen vooral om ouders die mobiele telefoons aanschaffen voor hun kinderen, te helpen voorkomen dat de kinderen voor veel geld het schip in gaan. De OPTA zal erop toezien dat mobiele aanbieders zich aan de nieuwe regels houden.

Klacht ongevraagde sms-dienst
De kosten voor een sms-dienst vindt u terug op de telefoonnota. Met een klacht over kosten voor een sms-dienst waarvoor u zich niet heeft aangemeld, moet u daarom in eerste instantie bij de telefoonaanbieder zijn.

1. *Zorg eerst dat de sms-dienst wordt stopgezet.* Dat doet u door een sms'je te sturen naar de sms-dienst. Noem daarin de stopcode van de sms-dienst. Die stopcode staat in de aanmeldbevestiging van de sms-dienst, het eerste bericht dat u heeft ontvangen na uw aanmelding. Heeft u dit bericht niet meer? Ga dan naar smsgedragscode.nl. Vul daar de shortcode van uw sms-dienst in: een nummer van vier cijfers. Hiermee selecteert u uw sms-dienst, waarna u de benodigde stopcode vindt. U kunt ook alleen het woord STOP of UIT naar de shortcode sturen. Daarmee stopt u alle sms-diensten die u via deze shortcode ontvangt.
Als u de stopcode naar de shortcode heeft verstuurd, krijgt u een berichtje van de sms-dienst met een bevestiging van uw afmelding. U weet dan zeker dat u geen sms'jes meer zult ontvangen.
U kunt ook aan de aanbieder van uw mobiele telefoon vragen de dienst voor u te beëindigen.

2. *Dien binnen twee maanden na de factuurdatum een klacht in bij uw telefoonaanbieder.* Op www.consuwijzer.nl vindt u een voorbeeldbrief.
Heeft u een abonnement en betaalt u uw telefoonrekening dus elke maand achteraf? Dan mag uw telefoonaanbieder uw klacht alleen afwijzen als hij kan bewijzen dat u zich bewust voor de sms-dienst heeft aangemeld. Tot

STEKELIGHEID

Mooie beloften

Na het overlijden van zijn vader zegt de heer Bechtold uit Den Bosch in januari diens abonnement op bij Telfort. Telfort vraagt om de overlijdensakte, maar sluit het abonnement van zoon Bechtold af. Na veel heen en weer gebel biedt Telfort excuses aan en stelt voor dat Bechtold een dongel aanschaft en een abonnement voor mobiele telefonie neemt. Telfort zal de kosten ervan daarna vergoeden en eerdere abonnementen opzeggen. Toch blijft Telfort geld afschrijven. 'Op brieven hoorde ik niets. Totdat ik in mijn laatste brief de Consumentenbond noemde', schrijft Bechtold. 'Toen zou Telfort alles uitzoeken en mij bellen.' Omdat een belletje uitbleef, meldde Bechtold zich bij Stekeligheden.
Telfort erkent begin september zijn fouten, belooft 'deze week' bloemen te sturen en (eind oktober 'al') geld terug te storten. Bechtold heeft ook de bloemen niet in de beloofde week gezien.
Stekeligheden, Consumentengids december 2010

die tijd mag hij uw telefoonabonnement niet stopzetten wanneer u niet voor de dienst betaalt.
Wordt uw klacht afgewezen? Dan kunt u binnen een maand met uw klacht bij de Geschillencommissie Telecommunicatie aankloppen (zie Adressen). Die beoordeelt of uw telefoonaanbieder uw klacht terecht heeft afgewezen. Zo niet, dan hoeft u niet voor de sms-dienst te betalen. Geeft de commissie uw telefoonaanbieder gelijk, maar betaalt u de rekening niet, dan kan de telefoonaanbieder uw abonnement opschorten of beëindigen. Belt u prepaid? Als u niet tevreden bent over het antwoord van uw telefoonaanbieder kunt u met uw probleem naar de Geschillencommissie Telecommunicatie; zie hierboven. Meer informatie vindt u op de website van de geschillencommissie.

3. *Uw telefoonnummer blokkeren voor alle sms-diensten*. Wilt u helemaal geen sms-diensten meer gebruiken? U kunt uw telefoonnummer (of dat van uw kind) gratis blokkeren voor sms-diensten. Ga daarvoor naar de website van het sms-dienstenfilter. Als u uw telefoonnummer op deze site registreert, mogen er geen betaalde sms-diensten meer naar dit nummer worden verzonden. Lukt het u niet om het sms-dienstenfilter te activeren, neem dan contact op met uw telefoonaanbieder.

4. *Geef uw klacht door aan ConsuWijzer.* Ook ConsuWijzer wil graag weten welke klachten u heeft over sms-diensten. U kunt het klachtenformulier van ConsuWijzer invullen of bellen naar (088) 070 70 70. Uw klacht komt dan rechtstreeks bij de toezichthouders (OPTA en de Consumentenautoriteit) terecht. Zij kunnen namens alle consumenten optreden en stevige boetes opleggen aan bedrijven die zich niet aan de wettelijke regels houden. De Consumentenautoriteit ziet bijvoorbeeld toe op misleidende reclame en andere vormen van oneerlijke handel. In de zomer van 2010 legde de Consumentenautoriteit een sms-dienstenaanbieder een boete op van in totaal €1,2 miljoen voor misleiding met sms-diensten.
Die boetes zijn prima, maar de Consumentenbond vindt dat gedupeerde consumenten ook hun geld moeten terugkrijgen. De individuele schade van een sms-dienst is meestal te laag om naar de rechter te stappen. Bart Combée, directeur van de Consumentenbond: 'Voor de Consumentenbond is het wettelijk nog niet mogelijk om namens alle consumenten bij de rechter schadevergoeding in geld te eisen. Deze zaak maakt eens te meer duidelijk dat die mogelijkheid er snel moet komen.'

Folders en spam

Bedrijven zijn vindingrijk als het erom gaat hun producten of diensten aan de man te brengen. Denk aan ongeadresseerd reclamedrukwerk in de brievenbus en spam (ongevraagde berichten via sms, e-mail of fax) in de mailbox. Volgens Milieucentraal vallen bij elk huishouden wekelijks 31 folders op de deurmat; dat komt neer op 32 kilo reclamedrukwerk per jaar. Om deze hoeveelheid te verminderen kunt u een Nee/Nee-sticker op de brievenbus plakken. Deze sticker is verkrijgbaar bij het gemeentehuis. Als u ondanks een sticker toch reclamedrukwerk ontvangt, kunt u telefonisch een klacht indienen bij de adverteerder of de verspreider. Het adres hoort op de folder te staan, zodat u het drukwerk ook gemakkelijk 'Retour afzender' kunt sturen, en vaak staat er ook een telefoonnummer van de verspreider op. Hij hoort u binnen vier weken antwoord te geven. Is het antwoord niet op tijd, of is de klacht niet naar tevredenheid afgehandeld, dan kunt u binnen vier weken een klacht indienen bij de Reclame Code Commissie via www.reclamecode.nl. Ook voor het adverteren via e-mail gelden strenge regels. Zo moeten bedrijven in de onderwerpregels van hun mail duidelijk maken dat het gaat om reclame. Bovendien moet iedereen de mogelijkheid hebben om zich via een link af te melden. Spam is officieel verboden in of vanuit Nederland. Klachten over spam kunt u doorgeven op www.spamklacht.nl.

Klacht inhoud of uitvoering sms-dienst

In dit geval moet u wel bij de aanbieder van de sms-dienst zijn. Op www.smsgedragscode.nl vindt u de gegevens over deze aanbieder. Probeer de klacht met de aanbieder op te lossen. Hij moet uw klacht binnen drie werkdagen behandelen. Doet hij dat niet, of bent u niet tevreden over het antwoord, neem dan contact op met de aanbieder van uw mobiele telefoon. Hij kan twee dingen voor u doen: hij kan met de aanbieder van de sms-dienst overleggen of met uw klacht naar de Commissie Handhaving sms-gedragscode gaan. Dat kunt u namelijk niet zelf doen. Deze commissie is een geschillencommissie voor conflicten tussen de aanbieders van sms-diensten en de providers van mobiele telefonie.
Geef uw klacht ook door aan ConsuWijzer!

4.4b Telemarketing

Een andere telefoonergernis is telemarketing: telefoontjes waarin iemand u een dienst of een product probeert te verkopen. Meestal rond etenstijd…

Meer weten

www.belmeniet.nl, www.consuwijzer.nl, www.opta.nl, www.consumen-tenautoriteit.nl, www.consuwijzer.nl.

Er zijn verschillende manieren om van dit soort opdringerige verkooptelefoontjes af te komen. Telefonieaanbieders kunnen afgeschermde telefoonnummers achterhalen. Als u bijhoudt wanneer en hoe laat er gebeld is door een vervelende, anonieme beller, kunnen sommige providers dit afgeschermde nummer blokkeren. Zelf kunt u direct tijdens het telefoongesprek duidelijk maken dat u niet meer (terug)gebeld wilt worden. Het bedrijf in kwestie is dan verplicht om u meteen en gratis uit zijn belbestand te verwijderen en aan te melden bij het Bel-me-niet Register.
Handiger is om dit soort telefonische storingen te voorkómen. Via het Bel-me-niet Register kunt u aangeven dat u niet meer gebeld mag worden. Volgens toezichthouder OPTA zijn in het eerste jaar van het bestaan van het register bijna 10.000 klachten ingediend. De meeste ongewenste telefoontjes komen van internet- en tv-aanbieders, energiemaatschappijen, loterijen, kranten-, tijdschriftenuitgevers en goede doelen. Eenvijfde van de klachten komt van mensen die gebeld worden door bedrijven waarvan ze klant (geweest) zijn. Overigens is dat laatste toegestaan; het register biedt alleen bescherming tegen bedrijven waarvan u geen klant bent (geweest).

Internet in het buitenland

De tarieven van mobiel internet in het buitenland zijn nog altijd erg hoog. Dit geldt met name voor landen buiten de EU. De Europese Unie heeft besloten consumenten beter te beschermen tegen zulke onaangename verrassingen. Mobiel internet in de EU is sinds 1 juli 2010 gebonden aan een limiet van €59,50 per maand.
Als de grens van €59,50 bijna in zicht is, wordt er een sms'je verstuurd met een melding. Als de limiet daadwerkelijk is bereikt, wordt mobiel internet geblokkeerd. Er kan dan pas weer verbinding worden gemaakt vanaf de eerste dag in de volgende kalendermaand. Door per sms of telefoon contact op te nemen met de provider kan de blokkering direct ongedaan worden gemaakt.

Heeft u zich ingeschreven in het Bel-me-niet Register en wordt u toch gebeld, dan kunt u een klacht indienen bij ConsuWijzer. Houd er wel rekening mee dat het na inschrijving maximaal zes weken kan duren voordat uw aanmelding in alle bellijsten is doorgevoerd.

4.5 Klantenservice

Uit ons onderzoek blijkt dat de service van winkels vaak in orde is tót u terugkomt met een probleem. Onze juristen Charles Onbag, Martin Lammers en Koos Peters verzamelden negen veelgehoorde afwijzende reacties bij klachten en geven advies (zie ook de *Digitaalgids* november/december 2010).

4.5a 'U moet bij de fabrikant zijn'

'Ik heb vorige week een computer gekocht, maar die werkt niet goed. De winkel zegt dat ze niets kunnen doen en verwijst naar Packard Bell. Maar Packard Bell zegt op zijn beurt dat ze niet veel kunnen doen en verwijst weer terug naar de winkel. Waar moet ik naartoe?'

Uit ons dienstverleningsonderzoek blijkt dat maar liefst een op de vijf klanten die zich met een klacht wenden tot de winkelier, wordt doorverwezen naar de fabrikant. Wettelijk gezien is de verkoper verplicht u een deugdelijk product te leveren. Met hem heeft u een koopovereenkomst gesloten. Het aanspreekpunt bij een product dat het niet (goed) doet is dan ook de verkoper en niet de fabrikant. De garantie van de fabrikant is slechts een extra waarborg die de verkoper niet van zijn wettelijke plicht ontslaat.

4.5b 'Het is uw eigen schuld'

'Mijn beeldscherm was beschadigd en ik had daardoor geen goed beeld. Toen ik ermee terugging naar de winkel zei de verkoper dat het probleem opzettelijk of door mijn eigen schuld was veroorzaakt.'

Als u uw mobiele telefoon in het water heeft laten vallen en hij doet het niet meer, is het duidelijk uw eigen schuld. Maar in de praktijk blijkt dat verkopers soms snel de conclusie trekken dat de koper zelf het gebrek heeft veroorzaakt, terwijl u het apparaat op normale wijze gebruikt heeft.

Op die manier probeert men onder de eigen wettelijke verplichting uit te komen. Doet het gebrek zich binnen zes maanden na aankoop voor of heeft u nog garantie, dan moet de verkoper aantonen dat het defect uw schuld

is, bijvoorbeeld met een onderzoeksrapport. Neem geen genoegen met een afwijzing.
Na zes maanden zult u zelf bewijs moeten leveren dat het product ondeugdelijk is, bijvoorbeeld met een verklaring van een deskundige of soortgelijke klachten op internetfora.
Zoek ook op de website van de fabrikant of deze het euvel erkent.

4.5c 'Die repareren we niet meer'

'Twee jaar geleden kocht ik een Asus-laptop voor €1300. De laptop is alleen op het bureau gebruikt, maar ging toch na twee jaar al kapot: geen beeld meer. De computer is door Asus gerepareerd. Vorig jaar: dezelfde storing. Weer computer lang weg, weer gerepareerd. Nu doet zich alweer dezelfde storing voor. Maar nu zegt Asus: die repareren we niet meer.'
Als een apparaat gebreken vertoont, moet u eerst de winkelier de kans geven om het te repareren of te vervangen door een nieuw exemplaar. Tenzij één van beide opties evident onredelijk is, mag u kiezen of het reparatie of vervanging wordt. Binnen twee jaar na aankoop hoeft u hiervoor in principe niet (bij) te betalen.
Als reparatie geen resultaat oplevert en vervanging niet (meer) mogelijk is, heeft u recht op geld terug. Heeft u het apparaat net gekocht, dan is dat het hele aankoopbedrag. Maar wanneer u bijvoorbeeld een laptop al twee jaar probleemloos heeft gebruikt, is deze al deels afgeschreven. Bij digitale producten gaat dat snel. In dat geval kunt u beter een flinke korting bedingen op een nieuw exemplaar.

4.5d 'De reparatie duurt nog even'

'Onze laptop was binnen de garantie kapot gegaan en is nu al twee maanden weg ter reparatie. Ons is nu al vier keer beloofd dat hij opgestuurd en gemaakt is. Omdat we al zo veel verschillende smoezen hebben gehoord, vermoeden wij dat de computer gewoon zoekgeraakt is. Hoelang kan de winkel ons aan het lijntje houden?'
In de wet staat dat reparatie binnen een redelijke termijn – en in principe kosteloos – moet plaatsvinden. U heeft de verkoper daartoe de kans gegeven, maar dat heeft blijkbaar nog geen resultaat opgeleverd. Stel in zo'n geval de verkoper schriftelijk in gebreke (zie voor tips voor het schrijven van een klachtenbrief het gelijknamige kader in par. 1.4d) en geef hem een uiterste termijn om zijn verplichtingen alsnog naar behoren na te komen. Die termijn ligt wettelijk niet vast, maar wij vinden maximaal drie weken billijk.

Maak in de brief ook duidelijk dat u, als de reparatie binnen die termijn niet is uitgevoerd, aanspraak maakt op geld terug, of een nieuw apparaat.

4.5e Geen reactie...

'Mijn printer maakt heel vlekkerige prints. Ik heb al diverse malen contact opgenomen met de verkoper. Mijn klachten worden niet serieus genomen. Ook op mijn brieven wordt niet gereageerd. Wat moet ik doen?'

Als de verkoper niet reageert op uw (mondelinge) klachten, stel hem dan in gebreke. Dat doet u door uw klacht op schrift te stellen en daarbij een redelijke termijn te noemen van bijvoorbeeld twee weken waarbinnen de klacht alsnog verholpen moet zijn. Verstuur de brief aangetekend (met ontvangstbevestiging), zodat de tegenpartij niet kan beweren dat de brief nooit is ontvangen. Zo zet u de juiste stappen op weg naar een – in het uiterste geval – (gerechtelijke) procedure.

4.5f 'Deze computer is niet tweedehands'

'Ik heb een nieuwe computer gekocht bij de Media Markt. Daar waren diverse problemen mee. De deskundige die ik ernaar heb laten kijken, constateerde dat het een gebruikte computer is geweest. En in de winkel geloven ze me niet...'

Soms ontvangen we vragen van consumenten die een nieuwe televisie, computer of mediaspeler gekocht dachten te hebben, maar duidelijk sporen van gebruik ontdekten. Het uitgangspunt is: u betaalt voor een nieuw product, dus hoort u ook een nieuw product te krijgen. Kosteloos omruilen dus.

4.5g 'U krijgt geen leenlaptop mee'

'De verkoper geeft aan dat de reparatie van mijn laptop een maand kan duren. Hij wil mij geen leenlaptop geven. Die heb ik wel nodig voor mijn werk. Heb ik recht op een leenapparaat tijdens de reparatie?'

In beginsel heeft u als consument geen recht op een leenapparaat tijdens de reparatie. Informeer voorafgaand aan de reparatie hoelang het gaat duren. Vindt u dat reparatie onredelijk veel tijd kost, of te veel overlast veroorzaakt, dan kunt u proberen leenapparatuur te bedingen. Gaat de verkoper daarmee niet akkoord, dan kunt u de kosten van bijvoorbeeld het huren van een laptop op hem verhalen.

4.5h 'Zonder kassabon helpen wij u niet'

'Ik kocht bij de Bart Smit een Xbox, die na anderhalf jaar stuk was, een fabricagefout. Bart Smit verwijst naar Microsoft en vice versa. Bart Smit

erkent het probleem maar zegt niets te kunnen doen zonder kassabon.'
U heeft wel degelijk rechten zonder een kassabon. U moet wel kunnen laten zien dat u de Xbox in de betreffende winkel heeft gekocht. Een (digitaal) bankafschrift is voldoende bewijs.

4.5i 'Wij geven alleen garantie op de hardware'

'Ik kocht een Apple-computer. Een half jaar later bleef het scherm blanco. Wat ik ook deed: geen beeld, geen geluid; niets. De Apple-supportdesk liet me weten dat het om een softwarematig probleem gaat, en dat ze alleen garantie geven op de hardware.'
De verkoper mag zich niet verschuilen. Hij heeft u een product verkocht inclusief alle software die erop staat, dus die valt ook onder de verkoopovereenkomst. Dat de fabrikant alleen garantie geeft op de hardware ontslaat de verkoper niet van zijn wettelijke plichten. Ook hier geldt: de eerste zes maanden ligt de bewijslast bij de verkoper, daarna bij u.

STEKELIGHEID

Garantie of niet?

Stel, je koopt een printer met een jaar garantie. Hij gaat binnen vier maanden kapot, is te goedkoop om te repareren en inmiddels uitverkocht. Krijg je dan je geld terug?
Volgens de wet wel, maar niet bij het Blokkerfiliaal in Wolvega, is de ervaring van mevrouw Van der Linden uit Steggerda. Eerst wordt ze aan het lijntje gehouden, dan gaat ze met tegenzin akkoord met vijf waardebonnen van €10. Dan moet ze ook nog €1 contant bijbetalen, omdat de printer €49 heeft gekost.
Als de Consumentenbond bij Blokker aanklopt, erkent het bedrijf dat 'ons filiaal in Wolvega de garantieprocedure niet correct heeft toegepast'. Mevrouw Van der Linden krijgt excuses en haar geld terug.
Stekeligheden, Consumentengids oktober 2010

5 BIJ DE DOKTER

De zorg is in ons land over het algemeen goed. Maar uw rechten als patiënt zouden wel wat simpeler geregeld kunnen worden.

We beginnen dit hoofdstuk met uitleg over de rechten die patiënten hebben, zoals het recht op privacy, op goede zorg, op informatie en op klagen. Die rechten zijn vastgelegd in verschillende wetten en dat maakt het voor de consument niet makkelijk.
Daarna gaan we specifiek in op uw rechten tegenover de huisarts, de tandarts, in het ziekenhuis, in een verpleeghuis en tegenover de zorgverzekeraar.
Tot slot vertellen we wat u moet doen als behandelaars tegenstrijdige adviezen geven en hoe u de relatie met uw arts kunt verbeteren. Want zeker in de zorg is voorkomen beter dan genezen.

5.1 Patiëntenrechten

Uw rechten (en plichten) in de gezondheidszorg worden momenteel (er is een nieuwe wet in de maak, zie par. 5.1h) in diverse wetten geregeld. Zo bepaalt de Wet op de geneeskundige behandelovereenkomst (WGBO), die gaat over de rechten en plichten van patiënten en hulpverleners – bijvoorbeeld een huisarts, tandarts, specialist –, dat u het recht heeft op informatie, toestemming, inzage in uw medisch dossier en privacy.
In de Wet beroepen individuele gezondheidszorg (Wet BIG) staat dat u recht heeft op kwaliteit van zorg (behandeling volgens de laatste stand der wetenschap) door individuele behandelaars.
De Kwaliteitswet Zorginstellingen bepaalt datzelfde, maar nu voor zorginstellingen.
Belangrijk is ook de Wet klachtrecht cliënten zorgsector (WKCZ), want die geeft u het recht om te klagen bij een onafhankelijke commissie.
In de Zorgverzekeringswet tot slot is de toegang tot een basisverzekering

geregeld en in de Algemene Wet Bijzondere Ziektekosten (AWBZ) de verzekering tegen kosten van verpleging- en verzorging.
Op de belangrijkste rechten gaan we in dit hoofdstuk dieper in.

Weinig kennis

80% van de Nederlanders weet niet wat zijn rechten zijn als patiënt. 70% weet niet waar zij terechtkunnen voor informatie en ondersteuning. Dat blijkt uit onderzoek, in 2009 uitgevoerd in opdracht van de Consumentenbond en de Chronisch zieken en Gehandicapten Raad (CG-Raad), kiesBeter.nl, Consument en de Zorg van de NPCF en de Zorgbelangorganisaties. Nederlanders weten het minst over hun rechten als het gaat over het medisch dossier. Op de vraag of artsen met elkaar over een patiënt mogen praten, denkt 46% van de mensen dat dit mag omdat hulpverleners onderling geen geheimhoudingsplicht hebben. Maar hulpverleners mogen dit alleen doen met toestemming van de patiënt. Ook als het gaat over het indienen van een klacht zijn er onduidelijkheden. Deze cijfers wijzen uit dat het hard nodig is het onderwerp cliëntenrechten en de weg naar informatie en ondersteuning meer onder de aandacht te brengen.
Daarom is de site Clientenrechten.nl in het leven geroepen. Dit is een initiatief van de hierboven genoemde instanties. Hij wordt gefinancierd door het ministerie van Volksgezondheid, Welzijn en Sport.
Voor informatie over uw rechten als patiënt kunt u ook terecht bij een regionale afdeling Informatie en Klachtenzorg van Zorgbelang Nederland. Die geeft verder advies over wat u met uw klacht kunt doen. Ook kunt u hier hulp krijgen bij het schrijven van een brief, of ondersteuning bij een gesprek met de hulpverlener, apotheker of zorginstelling.

5.1a Recht op kwaliteit

Sinds 1997 kennen we de Wet beroepen in de individuele gezondheidszorg (Wet BIG). Sindsdien mag iedereen een ander proberen te genezen van zijn kwaal. Het is niet meer strafbaar om een behandeling te geven, ook al ben je geen arts.

Deskundigheid gewaarborgd

Er geldt wel een aantal regels die patiënten moeten beschermen tegen ondeskundige zorgverleners. Ten eerste is voor een aantal medische beroe-

pen bepaald dat een titel pas mag worden gebruikt als de zorgverlener de juiste opleiding heeft gevolgd en staat ingeschreven in het zogenoemde BIG-register. Dat register is openbaar, dus iedereen kan nagaan of zijn arts bevoegd is (zie kader 'Behandelaar controleren').
Het gaat om artsen, apothekers, fysiotherapeuten, gezondheidszorgpsychologen, psychotherapeuten, tandartsen, verloskundigen en verpleegkundigen (zie kader 'Wettelijk beschermde beroepen').
Artsen die een erkende vervolgopleiding hebben gevolgd, mogen zich specialist noemen (zie kader 'Erkende medisch specialismen'). Bij een aantal specialismen kunnen artsen ook nog een aantekening halen. Dat is bijvoorbeeld het geval bij vaatchirurgen, oncologen en intensivisten. Zo is voor iedereen duidelijk welke deskundigheid je mag verwachten van deze zorgverleners.
De 'cosmetische chirurgie', die je veel tegenkomt bij klinieken die bijvoorbeeld ooglidcorrecties aanbieden, ontbreekt in dit rijtje: het is dus geen erkend specialisme.
Een zorgverlener die is ingeschreven in het BIG-register valt onder het tuchtrecht uit die wet. Dat houdt in dat het tuchtcollege kan ingrijpen als de zorgverlener zijn vak niet goed uitoefent. Hoe dat precies in zijn werk gaat, staat in par. 5.1f.

Erkende medische specialismen

- Allergologie
- Anesthesiologie
- Cardiologie
- Cardio-thoracale chirurgie
- Dermatologie en venerologie
- Heelkunde
- Interne geneeskunde
- Keel-, neus- en oorheelkunde
- Kindergeneeskunde
- Klinische chemie
- Klinische genetica
- Klinisch geriatrie
- Longziekten en tuberculose
- Maag-, darm- en leverziekten
- Medische microbiologie
- Neurochirurgie
- Neurologie
- Nucleaire geneeskunde
- Oogheelkunde
- Orthopedie
- Pathologie
- Plastische chirurgie
- Psychiatrie
- Radiologie/radiodiagnostiek
- Radiotherapie
- Reumatologie
- Revalidatiegeneeskunde
- Urologie
- Verloskunde en gynaecologie
- Zenuw- en zielsziekten

Behandelaar controleren

Wie wil weten of bijvoorbeeld zijn arts of fysiotherapeut zich wel als zodanig mag uitgeven, kan dit nagaan via www.bigregister.nl. Ook kunt u bellen met de BIG-informatielijn, 0900-89 98 225 (€0,10 per minuut, maandag tot en met vrijdag tussen 8.30 en 17.00 uur). Hier kunt u niet nagaan of een behandelaar van de tuchtrechter een waarschuwing, berisping of geldboete heeft gekregen, of in het verleden geschorst is geweest.

Ook staat in de Wet BIG een aantal zogenoemde voorbehouden handelingen. Die mogen alleen worden uitgevoerd door bepaalde groepen zorgverleners die daartoe bevoegd zijn. Dit om te voorkomen dat patiënten onnodige risico's lopen. Bovendien moet de zorgverlener de handeling goed onder de knie hebben. Het gaat bijvoorbeeld om chirurgische ingrepen en het onder narcose brengen van patiënten.

Paramedici

Naast de acht wettelijk beschermde beroepen is er een groep zorgverleners waarbij de overheid de opleiding vastlegt. Het gaat om paramedici, zoals diëtisten en huidtherapeuten (zie kader 'Beroepen met erkende opleiding'). Alleen mensen die de juiste opleiding hebben gedaan, mogen zich dus apothekersassistent of optometrist noemen.

Het verschil met de acht eerder genoemde beroepen is dat er geen wettelijk register is waarin de zorgverleners zich moeten registreren. Vanuit de Wet BIG is er ook geen tuchtrechter die deze zorgverleners een straf kan opleggen of uit het register kan laten schrappen.

Paramedici kunnen zich wel vrijwillig laten opnemen in het Kwaliteitsregister Paramedici. Elke vijf jaar wordt dan gekeken of de zorgverlener nog aan de kwaliteitseisen van het register voldoet. De zorgverlener moet

Wettelijk beschermde beroepen

- Apothekers
- Artsen
- Fysiotherapeuten
- Gezondheidszorgpsychologen
- Psychotherapeuten
- Tandartsen
- Verloskundigen
- Verpleegkundigen

aantonen dat hij voldoende werkervaring heeft en zich blijft bijscholen. Daarnaast zijn veel paramedici aangesloten bij de Klachtencommissie Paramedici Eerstelijn. Wie een klacht heeft, kan die daar schriftelijk indienen. De onpartijdige commissie bestaat uit een onafhankelijk jurist, iemand namens de Nederlandse Patiënten Consumenten Federatie en een lid van de beroepsvereniging waarvan de betrokken paramedicus lid is.
Bij problemen met een optometrist kunt u ook aankloppen bij de Geschillencommissie Optiek (zie Adressen). De uitspraak van zo'n geschillencommissie is bindend. Tegen een uitspraak is geen beroep mogelijk; wel marginale toetsing door de rechter.

Beroepen met erkende opleiding

- Apothekersassistenten
- Diëtisten
- Ergotherapeuten
- Huidtherapeuten
- Logopedisten
- Mondhygiënisten
- Oefentherapeuten (Cesar en Mensendieck)
- Optometristen
- Orthoptisten (oogdeskundigen)
- Podotherapeuten
- Radiodiagnostisch laboranten en radiotherapeutisch laboranten
- Tandprothetici
- Verzorgenden in de individuele gezondheidszorg

Alternatieve behandelaars

Een grote groep therapeuten aan wie de overheid geen speciale eisen stelt, is die van de alternatieve behandelaars. Het gaat bijvoorbeeld om behandelaars in homeopathie, acupunctuur, kruidentherapie, paranormale therapie en natuurgeneeskunde.
De overheid staat niet in voor de kwaliteit van deze behandelaars. Anders dan bij reguliere behandelingen ontbreekt bij alternatieve behandelwijzen het wetenschappelijk bewijs dat de gebruikte methode bij een groot aantal patiënten een gunstig effect heeft op de ziekte.
De overheid grijpt pas in als het gevaarlijk dreigt te worden. Dat kan gebeuren, want het adagium 'baat het niet, dan schaadt het niet' gaat niet altijd op. Ook natuurlijke stoffen kunnen bijvoorbeeld giftig zijn, een allergische reactie veroorzaken of de reguliere therapie beïnvloeden.
Het is strafbaar om – zonder noodzaak – het leven of de gezondheid van

een patiënt in gevaar te brengen. De rechter kan een zorgverlener naast het opleggen van straf ook verbieden zijn beroep nog verder uit te oefenen. Zelfs vóór én tijdens de strafvervolging kan behandelaars soms worden aanbevolen bepaalde handelingen voorlopig te staken voordat ze nog meer schade aanrichten.
Hoewel wettelijke eisen aan de opleiding en behandelmethoden van deze groep therapeuten ontbreken, staat u als patiënt niet helemaal met lege handen als u op zoek bent naar een alternatieve therapeut die zich houdt aan de algemene regels van verantwoorde zorg. Veel overkoepelende organisaties hebben richtlijnen over privacy, het bijhouden van patiëntendossiers en het overdragen van patiënten aan collega's.
De Consumentenbond heeft de kwaliteit van die beroepsorganisaties diverse malen onderzocht. Ze werden gevraagd welke eisen ze stellen aan hun leden, onder meer wat betreft opleiding, nascholing en praktijkinrichting. Daaruit kwam naar voren dat lang niet alle organisaties goed kunnen aangeven welke opleiding hun leden hebben gevolgd. Bovendien bestaan er zo veel opleidingen en cursussen in binnen- en buitenland dat het voor de patiënt onmogelijk is de waarde van een diploma of certificaat in te schatten.

Geschillencommissie Zelfstandige Klinieken

De belangrijkste onderwerpen die de commissie kan behandelen zijn:

- ingrepen die uw uiterlijk veranderen, zoals borstvergroting of -verkleining, liposuctie, ooglidcorrectie, facelift, laserbehandeling;
- schade die u door de behandeling heeft geleden, bijvoorbeeld een wond aan uw arm, been of hoofd, of beschadiging van uw gebit;
- beschadiging, verlies of diefstal van uw spullen;
- u vindt dat er slechte apparaten zijn gebruikt;
- u bent ontevreden over hoe de kliniek met u omging;
- er is niet goed beoordeeld wat er met u aan de hand was;
- het plan dat opgesteld is om u te behandelen, was niet goed;
- de zorg na de behandeling was niet goed;
- uw opname in of ontslag uit de kliniek was niet goed;
- de informatie die de kliniek verstrekte, was niet goed of niet compleet.

Een klacht over een ziekenhuis dient u in bij de Geschillencommissie Zorginstellingen.
Meer informatie vindt u op www.degeschillencommissie.nl.

Ook bleek dat de richtlijnen van de beroepsorganisaties in de praktijk lang niet altijd worden nageleefd. Ondanks die tekortkomingen vormen in de alternatieve zorg beroepsorganisaties het beste houvast. Op therapeuten die niet bij een beroepsorganisatie zijn aangesloten, ontbreekt elke controle. Wel is er een Geschillencommissie Zelfstandige Klinieken (zie Adressen), waar u met een klacht over een privékliniek kunt aankloppen, mits de kliniek zich bij deze geschillencommissie heeft aangesloten. Zie het gelijknamige kader.

Ook kwaliteit bij zorginstellingen
Niet alleen van individuele zorgverleners mag u kwaliteit verwachten. Alle zorginstellingen moeten voldoen aan de Kwaliteitswet zorginstellingen. Zo moet de instelling verantwoorde zorg leveren. Ook moet duidelijk zijn welke medewerkers welke taken uitoefenen, en moeten zij onderling de taken goed afstemmen. Daarnaast moeten instellingen beschikken over voldoende en capabel personeel en het juiste materieel.
In instellingen waar mensen langer dan 24 uur verblijven, is geestelijke verzorging beschikbaar die aansluit bij de levensovertuiging van de patiënt. De Kwaliteitswet zegt ook dat instellingen de kwaliteit van de zorg systematisch moeten bewaken, beheersen en zo mogelijk verbeteren. Ten slotte zijn de instellingen verplicht om een kwaliteitsjaarverslag te publiceren, waarin onder meer wordt teruggeblikt op de kwaliteit van de verleende zorg. Dat kan bijvoorbeeld door de aard en omvang van het aantal klachten te vermelden. De Inspectie voor de Gezondheidszorg controleert of de instellingen de Kwaliteitswet naleven. Zo niet, dan kan de inspectie maatregelen opleggen.

5.1b Vrije keus en toestemming
Naast het recht op goede zorg hebben patiënten nog een hele reeks andere rechten. Zo mag iemand zelf kiezen door welke zorgverlener en in welk ziekenhuis of verpleeghuis hij wordt behandeld. Ook als de huisarts een bepaalde specialist aanbeveelt, staat het de patiënt vrij om naar een ander te gaan.
Een ingrijpende behandeling mag pas starten als de patiënt officieel toestemming geeft. Maar er is een aantal uitzonderingen. Soms kan de zorgverlener uitgaan van toestemming, bijvoorbeeld als iemand bewusteloos bij een EHBO-post wordt gebracht. Voor niet-ingrijpende behandelingen is geen nadrukkelijke toestemming nodig. Wie bijvoorbeeld een griepprik komt halen en zijn arm ontbloot, geeft met dat gebaar toestemming.
Doorgaans is mondelinge toestemming voldoende, maar soms is het ver-

standig de wensen op papier te zetten. Bijvoorbeeld als u besluit dat in de toekomst een bepaalde behandeling, zoals reanimatie, niet mag worden uitgevoerd. De zorgverlener mag u dan niet behandelen, tenzij hij een goede reden heeft om van uw besluit af te wijken.
Als een behandeling eenmaal is begonnen, hoeft de zorgverlener niet voor elk onderdeel apart toestemming te geven. Wel kan een patiënt op elk moment zijn toestemming intrekken.

5.1c Recht op informatie

Patiënten kunnen pas bewust toestemming geven voor een behandeling als ze over goede informatie beschikken. De wettelijke eisen van toestemming en voorlichting heten samen ook wel 'informed consent'. Behandelaars zijn dan ook verplicht de patiënt in begrijpelijke taal, en desgewenst op papier te informeren over bijvoorbeeld de inhoud en het doel van de behandeling, de risico's en alternatieven, hoe het met hun gezondheid staat en wat de vooruitzichten zijn.
Patiënten mogen er ook voor kiezen bepaalde informatie níet te krijgen. Alleen als het achterhouden van informatie grote nadelen voor de patiënt of zijn omgeving tot gevolg heeft, moet de arts de informatie toch geven. Dit is bijvoorbeeld het geval als blijkt dat iemand een genetische afwijking heeft en de kans bestaat dat hij de afwijking doorgeeft aan zijn kinderen.
Omgekeerd kan de zorgverlener in uitzonderlijke gevallen besluiten een patiënt niet alle informatie te geven. Dat kan het geval zijn als hij ervan overtuigd is dat de informatie groot gevaar voor de patiënt of zijn omgeving oplevert. Bijvoorbeeld als gevreesd wordt dat de patiënt zelfmoord pleegt na het horen van een testuitslag.
De behandelaar moet dan de situatie wel eerst met een collega besproken hebben. Het kan soms belangrijk zijn om wel de familie of partner van de patiënt op de hoogte te brengen. Is het gevaar geweken, dan moet de zorgverlener de patiënt alsnog informeren.
Nauw verwant aan het recht op informatie is het recht op een *second opinion*, de mening van een andere deskundige. Meer hierover leest u in het kader 'Second opinion' op pag. 116.

5.1d Inzage in medisch dossier

Elke hulpverlener is verplicht een medisch dossier aan te leggen over de behandeling. Hierin staat informatie over de gezondheid van de patiënt, over de onderzoeken en ontwikkelingen.

De behandelaar houdt het dossier bij zich, maar in de Wet op de geneeskundige behandelingsovereenkomst (WGBO) staat dat patiënten van 12 jaar en ouder recht hebben te weten wat in hun medisch dossier staat en recht hebben op een kopie, al dan niet tegen kostprijs. Naast de WGBO is ook de Wet bescherming persoonsgegevens (Wbp) van toepassing op het verkrijgen van inzage. Als u uw dossier wilt inzien, moet u dat mondeling of schriftelijk vragen aan uw zorgverlener of de zorginstelling. U krijgt alleen de gegevens te zien die over uzelf gaan.
Als u vindt dat er zaken in het dossier staan die feitelijk onjuist of onvolledig zijn of niet ter zake doen, mag u het dossier laten aanpassen. Ook heeft u het recht om delen van het dossier of het hele dossier te laten vernietigen. Dat laatste kan niet als de informatie belangrijk is voor een andere patiënt. Aan dat verzoek moet de behandelaar binnen drie maanden voldoen, tenzij de gegevens bijvoorbeeld belangrijk zijn voor een andere patiënt. Normaal gesproken moet de zorgverlener het dossier minimaal 15 jaar bewaren.
Meer informatie over het inzagerecht vindt u op de website van het College Bescherming Persoonsgegevens (CBP).

Familieleden en kinderen
Familieleden hebben alleen recht op inzage in uw dossier als u ze daartoe schriftelijk heeft gemachtigd. Ouders of wettelijke vertegenwoordigers van kinderen tot 12 jaar mogen wel weten wat in het dossier van hun kind staat. Kinderen tussen de 12 en 16 jaar moeten ermee instemmen als iemand anders hun dossier wil bekijken.

5.1e Privacy

De patiënt moet ervan uit kunnen gaan dat de informatie die hij aan een zorgverlener geeft, niet op straat komt te liggen. Om de vertrouwensrelatie tussen arts en patiënt te beschermen en de privacy van patiënten te garanderen, moeten zorgverleners zich aan een aantal regels houden. Zo mogen

TIP

Inzage geweigerd?
Weigert een hulpverlener u inzage in uw medische gegevens, dan moet hij uitleggen waarom. Bent u het met die uitleg niet eens, dan kunt u een andere arts om bemiddeling vragen. Helpt dat niet, dan kunt u een advocaat in de arm nemen en naar de rechter stappen.

onderzoek en behandeling niet worden uitgevoerd als anderen ze kunnen zien, tenzij de patiënt toestemming geeft.
Vaak wordt gedacht dat artsen onderling wel vrijuit over hun patiënten mogen praten, maar dat is niet zo. Alleen de zorgverleners die rechtstreeks betrokken zijn bij de behandeling hebben inzage in de gegevens, en dan alleen in de onderdelen die relevant zijn voor de behandeling. Wil een arts toch met een andere arts overleggen, dan moet hij eerst toestemming vragen aan de patiënt of de gegevens anonimiseren.
Voor bedrijfsartsen gelden aparte regels. Als een werknemer ziek thuis zit, speelt ook het belang van de werkgever. Bedrijfsartsen mogen de werkgever daarom vertellen of de werknemer bijvoorbeeld in staat is zijn werk te hervatten. De medische diagnose mogen bedrijfsartsen niet prijsgeven.
Het recht op privacy kent een uitzondering: het geldt niet bij bepaalde infectieziekten, zoals kinkhoest en tuberculose. Daarbij weegt het voorkómen van besmetting van anderen zwaarder dan het recht op privacy van de individuele patiënt.
Ook na het overlijden blijft het recht op privacy gelden. Wie het dossier

EPD gaat niet door

Er wordt al enige jaren hard gewerkt aan de realisering van een landelijk Elektronisch Patiëntendossier met daarin al onze medische gegevens. Reuze handig voor zorgverleners, die met een druk op de knop weten wat uw medische situatie is. De Consumentenbond is daar op zich een voorstander van, maar zette wel vraagtekens bij hoe goed de privacy gegarandeerd wordt.
Daarnaast ontbreken duidelijke regels over de aansprakelijkheid en veiligheid.
Verder is er voor consumenten en patiënten een laagdrempelig loket voor individuele klachtenafhandeling nodig, vindt de Consumentenbond.
Kortom, het EPD is een goed initiatief, maar in de huidige vorm zijn er te veel onduidelijkheden.
Dat vindt niet alleen de Consumentenbond. Ook de Eerste Kamer is niet overtuigd van het EPD zoals het nu op stapel staat. De Tweede Kamer stemde er in 2009 mee in, maar begin april 2011 heeft de Eerste Kamer het plan unaniem verworpen. De Senaat vindt de opzet nu niet veilig genoeg. Het EPD komt er daarom voorlopig niet.

van een overleden familielid wil inzien, mag dat alleen als de zorgverlener meent dat de overledene hiertegen geen bezwaar zou hebben gehad. Hij moet de overtuiging hebben dat de overledene bij leven toestemming zou hebben gegeven.
Ook een zwaarwegend belang kan reden zijn tot inzage; denk aan erfelijke afwijkingen.
Naast deze algemene regels gelden in bepaalde situaties nog enkele andere wetten. Zo zijn er aparte regels voor mensen die onder dwang worden opgenomen in een psychiatrische instelling, en voor artsen die een medische keuring uitvoeren voor een verzekeraar of werkgever.

5.1f Klagen

Een belangrijk recht is dat u kunt klagen als u ontevreden bent over een zorgverlener en het er niet bij wilt laten zitten. U kunt dan verschillende wegen bewandelen. Welke weg het best is, hangt af van het doel dat u wilt bereiken (zie het schema 'Klachtroutes in de gezondheidszorg' op pag. 112).
Stap allereerst naar de behandelend arts of de instelling waartegen de klacht is gericht. Dat is de meest directe en ook de meest informele weg. Toch kiezen veel patiënten niet voor deze optie. Omdat ze te boos zijn, of denken 'het zal toch wel niet helpen', te weinig vertrouwen hebben dat de aangeklaagde serieus met de klacht zal omgaan, of simpelweg omdat ze niet durven. Als patiënt voel je je immers vaak afhankelijk van een hulpverlener.
Het kader 'Eerst even praten' op pag. 113 bevat tips voor zo'n gesprek.
Wie met dit soort twijfels rondloopt, kan misschien geholpen worden door een klachtenfunctionaris of vertrouwenspersoon. Die kan informatie geven over uw rechtspositie en over de klachtmogelijkheden. Uit onderzoek van de Consumentenbond blijkt dat mensen over deze route het meest tevreden zijn. En wellicht kan zo'n klachtenfunctionaris een bemiddelende rol spelen en samen met u het gesprek met de arts of het ziekenhuis aangaan. Het is dan wel belangrijk dat de klachtenfunctionaris zich onafhankelijk opstelt en niet probeert de patiënt ervan te weerhouden een klacht bij de klachtencommissie in te dienen.
Vroeger kon u terecht bij een Informatie- en Klachtenbureau Gezondheidszorg (IKG). Tegenwoordig vindt u bij klachten over de gezondheidszorg ondersteuning bij Zorgbelang Nederland of bij een van de regionale adressen voor informatie en klachtenopvang. Zij informeren over de rechten die een patiënt heeft en adviseren bij de aanpak van een klacht. U kunt er terecht met problemen met de zorgaanbieder, het Centrum Indicatiestelling Zorg,

de zorgverzekeraar of, als de klacht de Wmo betreft, de gemeente. Zorgbelang Nederland kan ook helpen met het schrijven van een klachtenbrief. Advies en informatie kunt u ook krijgen bij De Ombudsman (kijk op www.deombudsman.nl).
Heeft u een rechtsbijstandverzekering die gezondheidszorg dekt, dan kunt u daar ook om advies vragen. Verder kunt u voor advies bij uw zorgverzekeraar aankloppen.

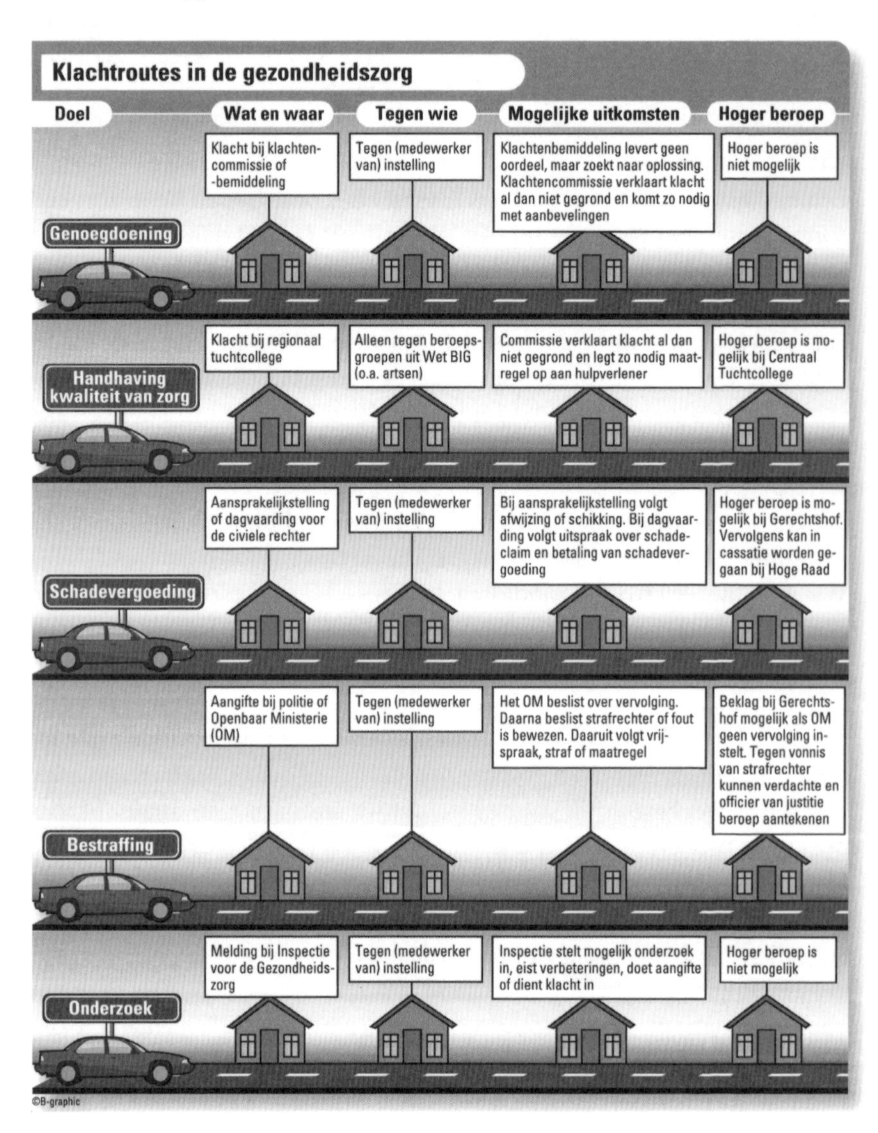

TIP

Eerst even praten

Als u een klacht heeft over een zorgverlener moet u daar allereerst met hem over praten. Een goed gesprek kan wellicht een boel opheldering geven en voorkómen dat u het hogerop moet zoeken.
Bereid u daarom goed voor op het gesprek, zodat u duidelijk kunt maken waarmee u zit en samen beter tot een geschikte oplossing kunt komen.
Op de site van de Raad voor Rechtsbijstand staan enkele nuttige tips.

- Houd uw eerder gemaakte lijst bij de hand en indien gewenst ook pen en papier voor notities.
- Blijf kalm en beleefd.
- Begin het gesprek met het uitleggen van de reden van uw komst en geef aan dat u dit gesprek wilt aangaan omdat u zich ontevreden voelt en graag tot een goede oplossing wilt komen voor beide partijen.
- Geef aan wat uw klacht is en wat volgens u een goede oplossing zou zijn, maar geef de zorgverlener ook ruimte om te reageren. Vraag de zorgverlener wat zijn mening is en of hij zich kan vinden in de oplossing.
- Stemt de zorgverlener in met uw voorstel? Maak dan concrete afspraken over acties die nodig zijn om tot de oplossing te komen.
- Indien de zorgverlener niet instemt met uw voorstel, vraag dan naar de reden. Vraag hem wat dan een goede oplossing zou zijn. Kunt u zich hierin vinden? Zo ja, maak dan concrete afspraken over acties die nodig zijn om tot de oplossing te komen. U kunt ook aangeven dat u hierover graag nog nadenkt. Spreek een termijn af waarop u weer contact opneemt. Op deze manier vermijdt u overhaaste beslissingen.
- Komt u er niet samen uit? En heeft zowel u als de zorgverlener geen alternatief voorstel? In dat geval is het beter het gesprek te beëindigen. Bedank de zorgverlener voor zijn tijd en geef aan dat u nog steeds graag wenst dat het conflict wordt opgelost. U kunt thuis op zoek gaan naar andere alternatieven. Kijk op de websites bij 'meer informatie' om te achterhalen wat andere mogelijkheden zijn. Een second opinion kan bijvoorbeeld een oplossing voor u zijn. Bij uw zorgverzekeraar kunt u hierover meer informatie verkrijgen.
- Controleer of u alles heeft besproken wat u wilde bespreken.

'Ik wil genoegdoening'

Klachtencommissie. U kunt altijd naar de klachtencommissie. Beroepsbeoefenaren en instellingen in de gezondheidszorg zijn verplicht zo'n onafhankelijke commissie in het leven te roepen of zich aan te sluiten bij een bestaande commissie. Dat schrijft de Wet klachtrecht cliënten zorgsector (WKCZ) voor. Klagen kan over iedere handeling (of het nalaten ervan) die effect heeft op een patiënt. Dat kunnen dus allerlei dingen zijn. Ook als er bijvoorbeeld niet wordt schoongemaakt op de afdeling. Het moet wel iets zijn waar de patiënt zelf, of degene die hem vertegenwoordigt, last van heeft.

Iedere instelling moet een regeling maken waarin staat hoe de klachten worden behandeld. Soms gebruikt men een 'modelregeling', maar er is geen landelijk geldend voorschrift over hoe de klachtenregeling eruit moet zien. Er zijn wel wat uitgangspunten vastgelegd in de WKCZ. Zo moet de instelling ervoor zorgen dat de patiënt gemakkelijk kan uitvinden hoe hij een klacht kan indienen.

Een klachtencommissie, bestaande uit ten minste drie leden, behandelt de klacht. Deze commissie moet een reglement maken waarin staat hoe zij de klachten behandelt. In dat reglement moet in ieder geval staan dat de klager en degene over wie wordt geklaagd, een mondelinge of schriftelijke toelichting kunnen geven op de klacht. Zij mogen zich ook laten bijstaan door iemand van hun keuze.

De klachtencommissie moet een schriftelijke beslissing nemen over de klacht en die motiveren. Zij moet die beslissing meedelen aan de klager en aan de persoon of instelling over wie wordt geklaagd. De commissie kan de klacht gegrond of ongegrond verklaren of gedeeltelijk gegrond of ongegrond. Zij kan ook aanbevelingen doen. De behandelaar moet erop reageren, maar is niet verplicht de aanbevelingen op te volgen.

Is er bij een klacht sprake van structureel onverantwoorde zorg, dan moet de klachtencommissie dat melden aan de instelling. Neemt de instelling vervolgens geen maatregelen, dan meldt de klachtencommissie dat aan de Inspectie voor de Gezondheidszorg (IGZ).

Het voordeel van de klachtencommissie is dat de toegang en procedure laagdrempelig zijn. Zo zijn er geen kosten aan verbonden. U kunt uw verhaal doen voor een onafhankelijke commissie, en de behandelaar of instelling moet op uw klacht reageren. De klachtencommissie kan echter niets afdwingen en ook geen sancties opleggen. Verder kunt u tegen de uitspraak niet in beroep gaan. Voor een schadevergoeding is dit evenmin het juiste loket.

Tuchtrechter. Een klacht over een hulpverlener uit een van de acht beroepsgroepen uit de Wet BIG (zie par. 5.1a) kunt u voorleggen aan een tuchtrechter. Met klachten over een instelling kunt u hier niet terecht. Daarvoor moet u zijn bij de *Geschillencommissie Zorginstellingen* (voor een klacht over een ziekenhuis, een instelling voor gehandicaptenzorg en voor geestelijke gezondheidszorg), de *Geschillencommissie Verpleging, verzorging en thuiszorg* (voor een klacht over een verpleeghuis, een verzorgingshuis, de thuiszorg of jeugdzorg/consultatiebureauzorg) of de *Geschillencommissie Zelfstandige Klinieken* (voor een klacht over privéklinieken), mits de instelling bij deze geschillencommissie is aangesloten.
Een klacht over een zorgverlener die onder de Wet BIG valt, dient u in bij een *Regionaal Tuchtcollege* dat, anders dan de klachtencommissie, wél bindende maatregelen kan opleggen. Die maatregelen kunnen variëren van een waarschuwing of berisping tot een boete, een tijdelijke schorsing of permanente doorhaling van de inschrijving van de aangeklaagde hulpverlener. In het laatste geval mag hij zijn titel niet meer dragen en kan hij zijn beroep niet meer uitoefenen.
Er zijn geen kosten verbonden aan deze klachtenbehandeling. De juridische bijstand of deskundigheid die u zelf inschakelt komt wel voor uw rekening. Als u het met de uitspraak niet eens bent, kunt u in beroep gaan bij het *Centraal Tuchtcollege voor de Gezondheidszorg.*
De meeste klachten bij de tuchtcolleges gaan over geen of onvoldoende zorg en onjuiste behandeling/verkeerde diagnose. De klachten zijn over de verschillende beroepsgroepen verspreid, maar veel klachten hebben betrekking op huisartsen en psychiaters. In 2007 werden ruim 1400 klachten ingediend. De meeste zijn ingediend door patiënten of hun vertegenwoordigers; één klacht is afkomstig van de Inspectie voor de Gezondheidszorg.
Een groot deel van de klachten van patiënten wordt overigens ongegrond verklaard. Een oorzaak daarvan is dat het tuchtrecht zoals dat is vastgelegd in de Wet BIG niet de genoegdoening van de individuele patiënt als doel

De strafrechter

Een klacht komt maar zeer zelden bij de strafrechter terecht. Wie een vermoeden heeft dat een gezondheidsmedewerker een strafbaar feit heeft gepleegd, moet dat melden aan de politie. Het Openbaar Ministerie beslist dan of het een strafrechtelijke procedure begint.

Second opinion

De bewijslast bij een klacht over de gezondheidszorg is vaak moeilijk, omdat het doorgaans om een 'inspanningsverplichting' gaat. U kunt niet volstaan met verwijzen naar het ongewenste resultaat, maar moet aantonen dat de zorgverlener zich niet voldoende heeft ingespannen. Dat aantonen is moeilijk, zeker voor leken.
Probeer in zo'n geval een second opinion te krijgen. Dat is een onafhankelijke beoordeling van een lichamelijke klacht door een andere arts dan de eigen arts. Het recht op een second opinion is niet in de wet vastgelegd, maar is wel als recht opgenomen in de modelovereenkomst Arts-Patiënt die de Nederlandse huisartsen en specialisten samen met de Nederlandse Patiënten Consumenten Federatie (NPCF) hebben gemaakt.
Een second opinion kan ook handig zijn als u twijfels heeft over een diagnose of (een onderdeel van) de behandeling die een zorgverlener voorstelt. U kunt voor, tijdens of na een behandeling een second opinion aanvragen, voor elk soort behandeling.
Als u een second opinion overweegt, win dan vooraf informatie in. Kijk bijvoorbeeld na of uw zorgverzekering de kosten ervan dekt. In sommige gevallen moet een verzekeraar eerst toestemming verlenen.
Bespreek een second opinion eerst met uw eigen arts. Die kan overleggen bij wie u het best terechtkunt. Staat uw arts er niet positief tegenover of heeft hij geen suggestie voor een andere arts, vraag dan of uw huisarts, zorgverzekeraar of de patiëntenvereniging iemand weet.
Vergeet niet van tevoren een verwijsbrief voor de second opinion aan te vragen bij de behandelaar of huisarts. Die is noodzakelijk voor vergoeding door de zorgverzekeraar.
Vraag bij de behandelend arts of huisarts de relevante medische gegevens op. Neem eventueel röntgenfoto's en scans zelf mee, zodat de second-opinionarts ze kan bekijken.
Schrijf van tevoren uw vragen op en let erop dat ze allemaal worden beantwoord.
Bedenk van tevoren wat uw verwachtingen zijn van een second opinion en of u bent opgewassen tegen eventuele teleurstellingen en tegenstrijdige adviezen. Als de adviezen met elkaar stroken, is het duidelijk. Maar wat als dat niet het geval is? U zult dan een

keus moeten maken. Kies voor de behandeling waarin u het meeste vertrouwen heeft. Eventueel kunt u bij uw beslissing zaken laten meewegen als:

- hoe pijnlijk is de behandeling;
- hoeveel en wat is er bekend over de kans van slagen;
- is met de methode veel ervaring opgedaan;
- staat de behandelaar open voor uw vragen;
- worden de nieuwste technieken gebruikt?

heeft, maar is bedoeld om de kwaliteit van de zorg te bewaken. Het is daarom begrijpelijk dat patiënten vinden dat je er weinig aan hebt. Ze hebben de indruk dat artsen elkaar de hand boven het hoofd houden. Bovendien gaat het om langdurige en inspannende procedures – de behandeling vergt minimaal acht maanden.
Er zijn meer kritiekpunten, ook uit de wereld van het tuchtrecht zelf. Tuchtcolleges stellen lang niet altijd de verantwoordelijkheid vast in situaties waarin de betrokkenen naar elkaar verwijzen. Als de klacht zich richt tegen één betrokkene, en het tuchtcollege oordeelt dat deze betrokkene zich aan de normen van de Wet BIG heeft gehouden terwijl dit voor andere betrokkenen mogelijk niet geldt, volgt er toch geen maatregel. Het tuchtcollege kan namelijk geen maatregel opleggen aan een hulpverlener tegen wie geen klacht is ingediend. En bij ketenzorg is het voor de patiënt vaak moeilijk te beoordelen welke hulpverleners in de keten een fout hebben gemaakt. Het tuchtrecht is dus niet aan de ketenzorg aangepast.
Tuchtcolleges beoordelen vooral of een arts of andere zorgverlener zijn beroep naar behoren heeft uitgeoefend, en kunnen weinig doen voor de klagende patiënt.
U kunt er dus alleen morele genoegdoening krijgen, geen schadevergoeding. Toch is het de aangewezen weg als u andere patiënten uw ervaring wilt besparen en de beroepsgroep wilt helpen zuiveren van rotte appels.

Inspectie voor de Gezondheidszorg (IGZ). U kunt een klacht indienen bij de Inspectie voor de Gezondheidszorg. Deze gaat in principe niet in op individuele klachten en komt alleen in actie bij zeer ernstige incidenten of in geval van structurele kwaliteitsproblemen.
De inspectie kan een onderzoek instellen. Zij heeft de bevoegdheid een pand binnen te treden, stukken in te zien, inlichtingen te vragen, strafbare feiten

op te sporen en daarvan aangifte te doen bij de officier van justitie. Deze bevoegdheden zijn geregeld in de Algemene wet bestuursrecht.
Als de inspectie vaststelt dat de kwaliteit van zorgverlening niet helemaal in orde is, eist zij van de zorgaanbieder meestal een plan van aanpak. Daarin wordt aangegeven op welke manier en binnen welke termijn de zorgaanbieder de geconstateerde tekortkomingen gaat verbeteren.
Als het gaat om de kwaliteit van zorgverlening door individuele zorgverleners die onder de Wet BIG vallen, kan de inspectie een klacht indienen bij een Regionaal Tuchtcollege voor de Gezondheidszorg.
Gaat het om producten zoals geneesmiddelen of medische hulpmiddelen, dan kan de inspectie een leverancier verplichten zijn producten terug te halen (*recall*), zij kan de handel opschorten of zelfs verbieden als dat noodzakelijk is in het belang van de volksgezondheid. Ook kan de inspectie een apotheek sluiten.
Doorgaans volstaat een advies en hebben de inspecteurs geen sancties nodig. Maar als een zorginstelling of zorgverlener geen adequate maatregelen neemt en de kwaliteit van zorgverlening blijft tekortschieten, kan de IGZ een zorgverlener een bevel geven de verantwoorde zorgverlening te realiseren binnen een bepaalde termijn. Dit bevel heeft een geldigheidsduur van maximaal zeven dagen.
In het uiterste geval kan de inspectie een bevel tot sluiting geven of de minister adviseren maatregelen af te dwingen. Ook kan zij overgaan tot het indienen van een tuchtklacht of inschakeling van het Openbaar Ministerie.

Meer informatie

Meer informatie over de verschillende klachtenroutes die er in de zorg bestaan, vindt u onder meer op de sites van kiesBeter, de Rijksoverheid, de Inspectie voor de Gezondheidszorg en Zorgbelang Nederland. En natuurlijk ook op www.consumentenbond.nl, onder het kopje 'Klantenservice', 'Uw recht' en 'Uw recht: problemen bij producten en diensten'.

'Ik wil schadevergoeding'

Wilt u schadevergoeding, dan zult u naar de civiele rechter moeten. U kunt hiervoor namelijk niet aankloppen bij een klachtencommissie of een tuchtcollege.

Doet u een beroep op schadevergoeding, dan gelden wel enkele voorwaarden. Er moet sprake zijn van schade en van verwijtbaar foutief medisch handelen, en er moet een direct verband zijn tussen deze schade en het medisch handelen. Bovendien moet de zorgverlener binnen vijf jaar aansprakelijk zijn gesteld.
Voor een procedure bij de civiele rechter moet u een advocaat in de arm nemen. U kunt vragen om vergoeding van zowel materiële als immateriële schade (smartegeld). Onder materiële schade valt onder meer gederfd inkomen. Smartegeld is een financiële vergoeding voor leed. In beginsel kan dit alleen door de patiënt zelf worden gevorderd en niet door nabestaanden. Nabestaanden kunnen eventueel wel een vordering indienen voor begrafeniskosten of gederfd levensonderhoud als de overledene de kostwinner was. Er zijn advocaten en bureaus die zich in letselschade hebben gespecialiseerd. Kijk bijvoorbeeld op www.stichtingkeurmerkletselschade.nl, www.lsa.nl en www.asp-advocaten.nl.
Overigens komt de civiele rechter er maar sporadisch aan te pas: het grootste aantal claims wordt namelijk afgehandeld tussen degene die schadevergoeding vraagt en de aansprakelijkheidsverzekeraar van de aangeklaagde beroepsbeoefenaar. Of – bij klachten over een aangesloten ziekenhuis – via de Geschillencommissie Zorginstellingen. Hier kunt u met kleinere claims (tot en met €5000) aankloppen. Momenteel zijn vrijwel alle algemene ziekenhuizen bij deze geschillencommissie aangesloten.

'De rekening klopt niet'

U kunt tevreden zijn over de zorg die u heeft ontvangen, maar schrikken van de prijs die u daarvoor moet betalen. De Wet tarieven gezondheidszorg bevat regels voor de manier waarop prijzen in de gezondheidszorg tot stand horen te komen. De Nederlandse Zorgautoriteit (NZa), die toezicht houdt op alle zorgmarkten in ons land, stelt de tarieven vast. Let wel, het gaat daarbij om maximumbedragen.
Tandtechnici, optometristen, opticiens, psychotherapeuten, drogisten en alternatieve genezers vallen hier niet onder; zij mogen hun eigen prijzen vaststellen. Als u twijfelt over de rekening, kunt u contact opnemen met de NZa. Blijkt dat het tarief niet klopt, maak dan schriftelijk bezwaar bij uw arts. Meld daarbij dat u informatie heeft ingewonnen en betaal wat het juiste bedrag had moeten zijn.
Wil de arts zijn nota niet aanpassen, klop dan aan bij de klachteninstantie waarbij de arts verplicht is aangesloten.

Ingewikkeld
Al met al kennen we veel verschillende klachtenwegen, maar bij sommige is de drempel hoog of weten mensen niet dat ze bestaan. Bovendien is het de vraag of het huidige systeem wel aansluit bij nieuwe ontwikkelingen als ketenzorg en zorg die niet binnen een en dezelfde instelling wordt gegeven. De patiënt kan dan te maken krijgen met diverse zorgaanbieders en instellingen die elk een eigen klachtencommissie hebben. Dat is omslachtig en ingewikkeld. Een centraal klachtenadres zou hier beter zijn.

Meldpunt Consument en de Zorg
Op initiatief van de Nederlandse Patiënten en Consumenten Federatie (NPCF) is het Meldpunt Consument en de Zorg (zie Adressen) in het leven geroepen, om de positie van patiënten en zorgconsumenten tegenover zorgorganisaties te versterken. Op de website worden op allerlei manieren ervaringen verzameld die aan patiëntenorganisaties beschikbaar worden gesteld, zodat die een vuist kunnen maken naar zorgorganisaties. Andere informatie wordt weer direct aangeboden aan zorgorganisaties of de overheid, in de hoop dat zij hun zorg(beleid) veranderen.

5.1g Ook plichten
Om behandelaars in staat te stellen hun vak goed uit te oefenen, hebben patienten ook een aantal plichten. Zo mag de zorgverlener verwachten dat u naar beste weten informatie verstrekt die hij nodig heeft, en dat u meewerkt aan de behandeling. Als u een bepaalde behandeling niet meer wilt of niet meer op de volgende afspraak wenst te komen, laat dit de zorgverlener dan weten. Doet u dat laatste niet (tijdig), dan mag de zorgverlener u kosten in rekening brengen. Ook bent u verplicht premie te betalen voor de basisverzekering en voor de verzekering in het kader van de Algemene wet op de bijzondere ziektekosten. Daar staat tegenover dat u via de zorgverzekeraar het recht heeft op toegang tot betaalbare en tijdige zorg. Daarover meer in par. 5.7c.

5.1h Nieuwe wet
Al met al zijn de rechten van patiënten in de wet behoorlijk goed gewaarborgd. De praktijk is helaas weerbarstiger. De Inspectie voor de Gezondheidszorg signaleerde een aantal knelpunten. Zo gaat het nogal eens mis bij de afstemming tussen zorgverleners. Wie een ernstige aandoening heeft,

krijgt in ons land al snel te maken met veel verschillende zorgverleners, zoals huisarts, specialisten en thuiszorg. Vaak is onduidelijk wie eindverantwoordelijk is en dat maakt het lastig om je recht te halen.
Ook hebben bewoners in verpleeghuizen en de gehandicaptenzorg onvoldoende inspraak in het eigen zorgplan. In zo'n plan hoort te staan op welke zorg en begeleiding iemand kan rekenen, en welke zorg hij desnoods bij de rechter kan afdwingen. Patiënten worden onvoldoende betrokken bij die zorgplannen.
Een ander knelpunt zit in de problemen die patiënten ondervinden als ze een klacht over een instelling of hulpverlener hebben. Ze zijn vaak onvoldoende op de hoogte van de voor- en nadelen van de verschillende klachtmogelijkheden, en zijn regelmatig ontevreden over het resultaat, zelfs als hun klacht gegrond is verklaard. Dit komt bijvoorbeeld doordat ze niet te horen krijgen wat de instelling doet met de klacht. Bovendien blijken zorgverleners en instellingen zelden hun excuses aan te bieden, ook al gaf de klachtencommissie de patiënt gelijk.
Het recht om zelf een zorgverlener te kiezen, loopt spaak op het gebrek aan goede, vergelijkende informatie tussen zorginstellingen en behandelaars. Bovendien is vaak niet zo veel zorg beschikbaar dat er echt wat te kiezen valt. Je bent al blij als je een huisarts hebt gevonden waar je nog terechtkunt.
De Inspectie stelt vast dat zorgverleners vaak niet goed inschatten hoeveel en welke informatie een patiënt wil. Er wordt niet altijd rekening mee gehouden dat mensen na schokkend nieuws minder gemakkelijk informatie opnemen.

Wetsvoorstel cliëntenrechten zorg (Wcz)

Goed dus dat er vergevorderde plannen zijn voor een nieuwe wet die een aantal van deze regelingen, waaronder de Wet op de Geneeskundige Behandelingsovereenkomst, de Wet klachtrecht cliënten zorgsector en de Kwaliteitswet zorginstellingen, zal vervangen. Dat is de Wet cliëntenrechten zorg (Wcz). Door de regels uit bestaande wetten samen te voegen tot deze ene, nieuwe wet wordt de rechtspositie van cliënten versterkt en verduidelijkt.
Met de Wcz kan een cliënt (patiënt) straks makkelijker kiezen voor een zorgaanbieder die het best bij zijn zorgvraag past. De Wcz regelt ook de verantwoordelijkheden van zorgaanbieders voor de kwaliteit van zorg.
In het wetsvoorstel staat onder meer dat elke patiënt recht heeft op goede zorg en een goed zorgplan. Ook staat erin dat hij er recht op heeft dat zijn zorgverleners (zoals artsen en verpleegkundigen) hun activiteiten goed op

elkaar afstemmen. Ze zijn verplicht met elkaar te overleggen en de juiste informatie over de patiënt tijdig aan elkaar over te dragen. Verder staat erin dat de patiënt – op basis van de informatie die hij van zijn artsen krijgt – beslist over onderzoeken en behandelingen. Hij is dus de baas, en een arts mag hem daarin niet domineren.

Wat vindt de Consumentenbond?

De Consumentenbond pleit al jaren voor heldere kwaliteitsinformatie van de zorg en voor één geschillencommissie in de zorg. De bond steunt de plannen voor de nieuwe wet dan ook van harte. Daarbij is het wel zaak een aantal punten goed te verankeren en dienen de toezichthouder (NZa) en de Inspectie voor de Gezondheidszorg daadkrachtig op te treden.
Goede kwaliteitsinformatie is nodig om de positie van de zorgconsument verder te verbeteren. Het moet net zo eenvoudig worden als bij het kopen van een wasmachine om de kwaliteit van de huisarts, het verpleeghuis of ziekenhuis te vergelijken. De NZa dient er als marktmeester op toe te zien dat zorginstellingen die informatie daadwerkelijk beschikbaar stellen.
De wettelijke verankering van één geschillencommissie klinkt veelbelovend. Vooral de onafhankelijkheid van de commissie, de laagdrempeligheid en de bindende uitspraak zijn hierbij essentieel. Dat vindt de bond een grote stap vooruit, mits álle zorgverleners en aanbieders van zorg in Nederland zich aansluiten.
Sinds 1 januari gelden in de verpleging, verzorging en thuiszorg tweezijdige algemene voorwaarden die de brancheorganisaties en consumentenorganisaties samen zijn overeengekomen. Hierin staan afspraken over hoe patiënten inbreng kunnen hebben bij de totstandkoming van het zorgplan. De algemene voorwaarden bevatten ook bepalingen over de informatie die de zorgaanbieder in de verschillende stadia van het zorgproces moet geven. De voorwaarden voorzien verder in een goede klachten- en geschillenregeling.
Ook met andere sectoren, zoals ziekenhuizen, geestelijke gezondheidszorg en farmaceutische zorg, wordt over algemene voorwaarden gesproken.
Deze vorm van zelfregulering moet vast verankerd worden in de Wcz, zodat uiteindelijk per sector duidelijk is wat de rechten en plichten van zorgaanbieders en consumenten zijn.

Natuurlijk heeft u als patiënt volgens de Wcz ook plichten. Zo moet u uw artsen goed en volledig informeren, de medische adviezen opvolgen en optimaal meewerken bij de behandeling, bijvoorbeeld door het in acht nemen van leefregels.
De Wcz geldt voor alle handelingen voor individuele gezondheidszorg, dus bijvoorbeeld ook voor zorg in privéklinieken en zorghotels. De rechten uit de wet gelden voor iedereen die voor informatie, onderzoek, advies, behandeling, verpleging of verzorging bij een zorgaanbieder terechtkomt.
De inwerkingtreding is afhankelijk van goedkeuring door de Tweede en Eerste Kamer en publicatie in het *Staatsblad*. Het wetsvoorstel ligt momenteel bij de Tweede Kamer waar een eerste ronde van commentaar en vragen heeft plaatsgevonden.

5.2 Uw rechten bij de huisarts

Patiëntenrechten komen niet pas om de hoek kijken als een arts een grote fout maakt of nalatig is. Ook in alledaagse situaties met de huisarts is het handig om te weten wat uw rechten zijn. U moet erop kunnen vertrouwen dat uw dokter weet wat hij doet en u een goed advies geeft. Ook heeft u recht op informatie.
Uw huisarts moet u kunnen uitleggen waarom hij vindt dat het beter is als u doorgaat met een medicijn. Misschien wordt de werking van zo'n middel pas na twee maanden echt duidelijk.
Verder moet de arts uitleggen wat de mogelijke risico's zijn van het innemen van het medicijn, maar ook wat de risico's zijn als u het niet gebruikt. Uiteindelijk is het aan u om een medicijn wel of niet te slikken. Een behandeling mag immers pas worden uitgevoerd als de patiënt daarvoor toestemming heeft gegeven. U bent dus niet verplicht de raad van de huisarts op te volgen. Volgt u het advies niet op, dan is het belangrijk dit te melden, zodat de huisarts ervan op de hoogte is.

TIP

Goede relatie met uw huisarts?

Zeker in de zorg is voorkómen beter dan genezen. Een goede relatie met uw huisarts kan problemen voorkomen. Meer informatie hierover vindt u op consumentenbond.nl/ergernissen-arts-patiënt.

5.2a Rechten

Bij de Consumentenbond komen regelmatig vragen binnen over je rechten bij de huisarts. Zo vraagt iemand zich af of alle medewerkers van het gezondheidscentrum waar zijn huisarts werkt, zomaar in zijn dossier mogen kijken. Nee, dat mogen ze niet. Dat mogen alleen de zorgverleners die rechtstreeks bij de behandeling zijn betrokken, en ze hebben alleen inzage in de onderdelen die relevant zijn voor de behandeling. Wil een arts toch met een andere zorgverlener – geen medebehandelaar – overleggen, dan moet hij eerst toestemming vragen aan de patiënt, of de gegevens anonimiseren.
Omgekeerd kan een patiënt aangeven welke mensen uit zijn omgeving zijn medische gegevens mogen inzien. Het moet dan wel duidelijk zijn om welke persoon en om welke gegevens het precies gaat. Dit moet worden opgenomen in het medisch dossier en eventueel kan er een schriftelijke verklaring worden ondertekend, zodat er later geen misverstanden over ontstaan.
Maar uiteindelijk is het de arts die beslist of hij zijn geheimhoudingsplicht opzij zet en deze mensen inzage verschaft. Het belang van de patiënt staat bij die beslissing voorop. Een patiënt kan wel altijd een kopie van zijn dossier opvragen bij de arts en vervolgens laten lezen aan wie hij wil.
Stel dat uw huisarts een duur geneesmiddel wil voorschrijven, terwijl u weet dat er goedkopere en even goede alternatieven zijn. Mag u dan eisen dat de arts het voordeligere middel kiest? Nee. Als een patiënt graag een bepaalde behandeling wil en de huisarts meent dat het medisch niet verantwoord is de patiënt die behandeling te geven, kan de patiënt niet eisen dat de arts meewerkt. Een hulpverlener hoeft geen behandeling uit te voeren die hij zelf niet verantwoord acht. Hij heeft daarbij een eigen verantwoordelijkheid, die niet door de wensen van de patiënt opzijgezet kan worden. De arts moet uiteraard wel uitleggen waarom hij de voorkeur geeft aan het duurdere medicijn. Wellicht is er sprake van een uitzonderlijke medische situatie waarin een goedkope variant het duurdere medicijn niet zomaar kan vervangen.
Als een arts een bepaalde behandeling niet wil geven, vervalt de behandelrelatie tussen patiënt en arts overigens niet direct. De hulpverlener hoeft alleen deze specifieke handeling niet te verrichten; de overige hulpverlening is hij wel verschuldigd.
Een hulpverlener hoeft in bepaalde gevallen geen hulp te verlenen als hij gewetensbezwaren heeft. Dit geldt alleen voor twee behandelingen, namelijk abortus en euthanasie, handelingen die in beginsel strafbaar zijn.
In de Wet afbreking zwangerschap is een artikel opgenomen waarin staat dat een arts of een ziekenhuis niet kan worden verplicht tot het verrichten

van een abortus. In de Wet toetsing levensbeëindiging op verzoek en hulp bij zelfdoding ontbreekt zo'n bepaling. Een arts kán overgaan tot euthanasie als aan de zorgvuldigheidseisen is voldaan. Hij hoeft dit niet.
Het is zowel bij abortus als bij euthanasie en zelfdoding van belang dat een arts, zodra het onderwerp ter sprake komt, duidelijkheid biedt over zijn standpunt. Het is niet juist als hij een patiënt in de waan laat dat hij hem zal bijstaan als het zover is, om uiteindelijk toch zijn medewerking te weigeren.
Een arts is niet verplicht om voor de patiënt een arts te zoeken die wel wil meewerken aan een abortus of euthanasie, of hulp wil bieden bij zelfdoding. Wie wil dat aan zo'n verzoek gehoor wordt gegeven, moet zelf een arts zoeken die hiertoe bereid is.
Hoewel u dus geen behandelingen kunt afdwingen bij uw huisarts, hoeft u ook nooit een medicijn te slikken of een behandeling te ondergaan die u niet wilt (tenzij het gaat om dwangbehandeling).

5.2b Vrije keuze valt tegen

Patiënten hebben het recht zelf hun arts te kiezen. Als een huisarts u niet bevalt, kunt u dus overstappen naar een ander. In de praktijk blijkt dit nogal eens tegen te vallen.
Huisartsenpraktijken zitten vaak vol. Bovendien maken huisartsen in een regio afspraken dat ze niet zonder meer patiënten van elkaar overnemen. Toch mag een arts een patiënt niet zomaar weigeren: hij moet een goede reden hebben. Zo'n 'goede reden' kan bijvoorbeeld zijn dat de praktijk te vol is. Een arts mag een patiënt ook weigeren als de patiënt te ver weg woont (meer dan een kwartier reizen), zodat hij de noodzakelijke zorg niet op een verantwoorde manier kan verlenen. In onderling overleg kan worden afgeweken van de maximumreistijd van een kwartier.
De gezondheidstoestand van de patiënt mag nooit reden zijn tot weigering. Ook moet een arts in een acute noodsituatie altijd de op dat moment noodzakelijke hulp bieden.
Als u een nieuwe huisarts heeft gevonden, is uw oude huisarts verplicht mee te werken aan de overdracht van uw medische gegevens aan de nieuwe huisarts. Omgekeerd geldt ook: als een praktijk wordt overgenomen door een andere arts, bent u niet verplicht de nieuwe arts te accepteren.

5.2c Maak de zaak bespreekbaar

Heeft u een klacht over uw huisarts, bespreek die dan eerst met uw arts. Komt u er samen niet uit, dan kunt u verschillende dingen doen (zie par.

5.1f), afhankelijk van de klacht, het doel en de hoeveelheid tijd en moeite die u erin wilt steken.
Huisartsen zijn verplicht zich aan te sluiten bij een klachtencommissie. Vaak kiezen ze voor de Districts Huisartsenvereniging (DHV) in hun regio. Daarnaast vallen huisartsen onder het wettelijk tuchtrecht. Vindt u dat uw huisarts slechte kwaliteit heeft geleverd, dan kunt u een klacht indienen bij een Regionaal Tuchtcollege. Ook kunt u aankloppen bij uw zorgverzekeraar. Die moet namelijk kijken naar de kwaliteit van de zorg die hij inkoopt bij de zorgverleners. Levert de zorgverlener deze kwaliteit niet, dan kan de zorgverzekeraar druk uitoefenen.

5.2d Privacy

Aan de privacy van patiënten in huisartspraktijken valt nog veel te verbeteren. Dat is de conclusie na een enquête onder ruim 400 bezoekers van een huisarts (*Gezondgids* februari 2008).
Zo meldde een lid dat de verwijsbrieven, bijvoorbeeld voor bloedonderzoek, in een bak bij de ingang liggen. Iedereen kan daarin zijn eigen verwijsbrief zoeken, maar tegelijk ook de open, geadresseerde enveloppen van anderen bekijken. Weer een ander lid heeft het gevoel tijdens lichamelijk onderzoek in een etalage te liggen, omdat het buitenraam niet is afgeschermd.
Ruim een kwart van de deelnemers gaf aan in de wachtruimte de gesprekken aan de balie te kunnen verstaan; bijna eenderde kon de telefonische gesprekken van de assistente volgen.
Er gelden geen strikte richtlijnen voor de inrichting van huisartspraktijken. Wel heeft de Landelijke Huisartsen Vereniging (LHV) tien 'gouden regels' opgesteld, waarbij de privacy van patiënten een belangrijke rol speelt. Zo zou er een 'goede gespreksplek' aan de balie moeten zijn, net als een duidelijke scheiding tussen balie en wachtruimte. Ook zou er geen mogelijkheid tot inkijk in spreek- en behandelkamers moeten zijn. En persoonlijke gesprekken, zoals uitslagen, worden volgens die regels niet aan de balie gevoerd.
Spreek uw huisarts op de richtlijnen van de LHV aan, als u vindt dat er aan de privacy iets mankeert.

5.2e Medisch dossier

Dan uw medisch dossier. Mag u zien wat uw huisarts bij het consult noteert? Niet altijd. Persoonlijke werkaantekeningen van zorgverleners zijn niet ter inzage voor de patiënt. Het zijn indrukken, vermoedens of vragen die de zorgverlener heeft en die hij als geheugensteuntje voor zichzelf opschrijft. Pas als hij deze aantekeningen in het dossier verwerkt, heeft u recht om ze te zien. U heeft het recht om uw medisch dossier te wijzigen, bijvoorbeeld als de gegevens feitelijk onjuist of onvolledig zijn.

5.3 Uw rechten bij de tandarts

Verkeerde kiezen, prothesen die niet passen of pijn aan het tandvlees die door onkunde van de tandarts steeds erger wordt. Dat zijn een paar voorbeelden van ernstige klachten die binnenkomen bij Cliëntenbelang Utrecht, een lokale patiëntenorganisatie.
De organisatie signaleert een groeiend aantal klachten over tandartsen. Die gaan niet alleen over de kwaliteit van de behandeling, maar vaak ook over verkeerde rekeningen, gebrekkige communicatie en slechte klachtenregelingen.
Ook organisaties in andere regio's zien een stijgende lijn in het aantal klachten, en ook bij de Consumentenbond komen jaarlijks honderden meldingen binnen over tandartsen. Er gaat dus nogal eens wat mis in de tandartsstoel.
Een van de recente ontwikkelingen die vragen kan oproepen, is de veranderde taakverdeling in tandartspraktijken. Veel taken worden tegenwoordig uitgevoerd door assistenten. Zij mogen in opdracht van een tandarts bepaalde handelingen zelfstandig verrichten, mits ze voldoende kennis en praktijkervaring hebben. Denk aan het weghalen van tandsteen en het aanbrengen van fluoride. Op www.allesoverhetgebit.nl leest u om welke handelingen het gaat.
De tandarts moet vooraf vertellen wie de behandeling uitvoert en wat diens functie is. Wie niet wil dat een assistent de behandeling doet, kan de behandeling weigeren en vragen of de tandarts het werk uitvoert.
Op de genoemde site vindt u ook informatie over het takenpakket van een mondhygiënist. Deze mag naast preventie ook kleine gaatjes boren en röntgenfoto's maken (dit laatste alleen onder toezicht).

5.3a Toch een rekening

Als iemand niet op de afspraak is verschenen, valt er soms toch een rekening op de mat. Dat is op zichzelf niet onredelijk: de tandarts ruimt tijd in voor zijn patiënt en heeft op dat moment geen andere klanten. De tandartspraktijk moet u wel op de hoogte stellen van de regeling en laten weten op

Wat mag de tandarts rekenen?
Tandartsen zijn niet vrij in het tarief dat ze vragen. De Nederlandse Zorgautoriteit (NZa) stelt maximale tarieven vast, die gekoppeld zijn aan de handeling die een tandarts uitvoert. De codes met de maximale tarieven vindt u op http://allesoverhetgebit.nl/vergoedingen/tarieven-en-codes. De overheid is overigens van plan om de maximale vaste tandartstarieven per 1 januari 2012 los te laten. De Consumentenbond vindt dat dat pas kan als de kwaliteit van zorgverleners bekend is. Eerder kun je als consument geen goede afweging maken tussen prijs en kwaliteit.

welke termijn u de afspraak nog kunt verzetten zonder dat er kosten aan zijn verbonden.
Er geldt geen maximumtarief voor het niet komen opdagen: per praktijk kan het bedrag dus verschillen. De hoogte zal afhangen van de hoeveelheid tijd die de tandarts voor u had gereserveerd.
Vraag vóór de behandeling om een schriftelijke, gespecificeerde prijsopgaaf. Wie eenmaal toestemming geeft voor een ingreep is verplicht de rekening te betalen. Gaat het om een flink bedrag, leg de prijsopgaaf dan ook eerst voor aan uw zorgverzekeraar. Sommige behandelingen krijg je namelijk alleen vergoed als de zorgverzekeraar vooraf toestemming geeft. Een goede tandarts waarschuwt als de kosten hoger worden dan begroot.
Als u weigert de nota te voldoen, kan de tandarts uiteindelijk de behandeling stopzetten. Hij moet er wel voor zorgen dat uw gezondheid hierdoor geen gevaar loopt.

5.3b Informatie
U heeft bij de tandarts recht op informatie. De tandarts moet in begrijpelijke taal en desgewenst op papier informeren over de voordelen en risico's van een behandeling en over alternatieven, zoals het achterwege laten van de behandeling.

5.3c Goede zorg
Tandartsen zijn verplicht goede zorg te leveren. Ze vallen, net als andere artsen, onder de Wet BIG (zie par. 5.1a) en mogen zich dus pas tandarts noemen als ze de juiste opleiding en bijscholing volgen.
Orthodontisten zijn tandartsen die een vierjarige specialistenopleiding aan

de universiteit hebben afgerond. Ook orthodontisten moeten zich dus aan de wettelijke regels houden die voor tandartsen gelden.
Bij twijfel over de kundigheid van uw tandarts kunt u een second opinion (zie het gelijknamige kader op pag. 116) aanvragen via uw tandarts, de zorgverzekeraar of het Academisch Centrum Tandheelkunde Amsterdam (Acta).
Doorgaans krijgt u via een second opinion alleen een diagnose of advies. Vervolgens kunt u die bespreken met de eigen tandarts.

5.3d Klagen

Heeft uw tandarts of orthodontist in uw ogen onvoldoende gepresteerd, overleg dan eerst met de tandarts zelf, liefst in een persoonlijk gesprek, of anders per (aangetekende) brief. Komt u er samen niet uit, neem dan contact op met de klachtencommissie van een van de beroepsorganisaties: de NMT of de Associatie Nederlandse Tandartsen (ANT). Vraag uw tandarts bij welke klachtenregeling hij is aangesloten. Als u dat niet wilt, kan het TIP (zie het kader 'Vraag advies aan het TIP') u dat vertellen.
De Centrale Klachtencommissie van de NMT kan bemiddelen of uw klacht in behandeling nemen. U en uw tandarts worden dan uitgenodigd voor een gesprek waarin u allebei een toelichting geeft. Enige weken later krijgt u beiden schriftelijk de uitspraak. Deze kan, als daar aanleiding voor is, vergezeld gaan van een aanbeveling aan de tandarts.
Wilt u dat uw tandarts een bindende maatregel wordt opgelegd, dan kunt u een schriftelijke klacht indienen bij het Regionaal Tuchtcollege (zie par. 5.1f).
Wie een klacht heeft over een mondhygiënist die werkzaam is voor zijn tandarts, kan ook die klacht aan de tandarts voorleggen. De tandarts is verantwoordelijk voor een mondhygiënist die bij hem in dienst is. Voor klachten over een zelfstandige mondhygiënist die is aangesloten bij de Nederlandse Vereniging voor Mondhygiënisten kunt u zich wenden tot de Klachtencommissie Paramedici Eerstelijn.
Klachten over een tandtechnicus dient u eerst te bespreken met de tandtechnicus zelf. Lukt dit niet, dan kunt u uw klacht schriftelijk kenbaar maken aan de tandtechnicus. Als de tandtechnicus in opdracht van uw tandarts werkt, kunt u ook klagen bij de tandarts.
Als dat niets oplevert, kunt u de klacht voorleggen aan de patiëntenbelangencommissie van de Organisatie van Nederlandse Tandprothetici (ONT), mits de tandtechnicus daarbij is aangesloten. Zo niet, vraag hem dan of er een andere klachteninstantie is.

Vraag advies aan het TIP

Als u een onenigheid met uw tandarts heeft en er samen niet uitkomt, kunt u telefonisch advies en informatie inwinnen bij het Tandheelkundig Informatie Punt (TIP). Het TIP is een initiatief van de beroepsorganisatie: de Nederlandse Maatschappij tot bevordering der Tandheelkunde (NMT). Het TIP is geen klachtenbureau, maar kan u wel vertellen hoe u een klacht kunt indienen.
Op www.allesoverhetgebit.nl vindt u meer informatie over allerlei zaken rondom uw gebit, waaronder wat u moet doen als u een klacht heeft.

Klagen over rekening
Een tandarts zal voordat hij begint een bepaalde behandeling voorstellen. Soms wijkt hij hiervan in de praktijk af, waardoor de nota hoger kan uitvallen. Een verschil van 10 à 15% is 'normaal'. Als de nota dit percentage overschrijdt, vraag de tandarts dan naar de reden.
Als u het niet eens bent met een nota is dat geen reden om deze niet te betalen. Als de tandarts daadwerkelijk alle verrichtingen heeft uitgevoerd moet u de rekening gewoon voldoen.
Komt u er met uw tandarts niet uit, neem dan contact op met het TIP (zie het kader 'Vraag advies aan het TIP'). Het kan u aanvullende informatie verstrekken en u informeren over de eventueel te nemen vervolgstappen.

5.4 Uw rechten in het ziekenhuis

Een patiënt raakt in shock omdat hij een medicijn krijgt toegediend waarvoor hij allergisch blijkt te zijn. Een ander bloedt na een operatie zo ernstig dat opnieuw opereren noodzakelijk is. Het zijn voorbeelden van situaties die onderzoekers van twee Nederlandse onderzoeksinstellingen (EMGO en NIVEL) tegenkwamen bij het uitspitten van 8000 medische dossiers uit 21 Nederlandse ziekenhuizen.
Het onderzoek leverde cijfers over de zaken die misgaan in ziekenhuizen. En die liegen er niet om. Van de 1,3 miljoen mensen die jaarlijks worden opgenomen in het ziekenhuis, krijgt 5,7% te maken met zogenoemde onbedoelde schade, ongemakken die niet inherent zijn aan een behandeling. In 2004 (het jaar van de onderzochte dossiers) ging het om zo'n 76.000

mensen, van wie er 10.000 blijvend letsel overhielden. Ruim 1700 patiënten overleden voortijdig als gevolg van een vermijdbare gebeurtenis.
Bij zo'n 30.000 mensen was de schade vermijdbaar. Bijvoorbeeld als het dossier beter was bijgehouden en verschillende zorgverleners in het ziekenhuis op de hoogte waren geweest van elkaars werk. De onderzoekers ontdekten namelijk dat de kans op slechte zorg kleiner is als meer aandacht wordt besteed aan de dossiers.
Dat moet beter. Er zijn maatregelen ingevoerd om het aantal fouten naar beneden te krijgen. Zo moeten zorginstellingen een zogeheten risicomanagementsysteem invoeren. Daardoor zal duidelijker worden hoe vaak er iets misgaat. Ook kan dan beter worden nagegaan wat de oorzaken zijn, en met welke maatregelen ongelukken te voorkomen waren geweest. Het gaat om gebeurtenissen met schadelijke gevolgen voor de patiënt, maar ook om situaties die nog net op tijd zijn ontdekt en niet tot schade hebben geleid. Via het meldingssysteem wil men de oorzaken van kwaliteitsproblemen opsporen en verhelpen.
Vaak gaat het niet om individuele fouten, maar om het falen van organisatorische processen en systemen.
Overigens wordt het melden van incidenten gezien als een professionele plicht van hulpverleners, zoals uit diverse uitspraken van het tuchtcollege blijkt.

VMS Veiligheidsprogramma

Het VMS Veiligheidsprogramma is een systeem waarmee ziekenhuizen continu risico's signaleren, verbeteringen doorvoeren en beleid vastleggen, evalueren en aanpassen. Daarbij krijgen tien punten extra aandacht, zoals het voorkomen van wondinfecties na een operatie; medicatieverificatie bij opname en ontslag; kwetsbare ouderen en vroege herkenning en behandeling van pijn.
Het programma is een initiatief van de NVZ vereniging van ziekenhuizen, de Nederlandse Federatie van Universitair Medische Centra (NFU), de Orde van Medisch Specialisten (Orde), het Landelijk Expertisecentrum Verpleging & Verzorging (LEVV) en Verpleegkundigen & Verzorgenden Nederland (V&VN).
Het VMS Veiligheidsprogramma loopt van januari 2008 tot december 2012 en wordt voor een deel gefinancierd met een subsidie van het ministerie van VWS.

Mede naar aanleiding van de resultaten van dit onderzoek houdt minister Schippers van Volksgezondheid vast aan het streven om het aantal vermijdbare sterfgevallen en gezondheidsschade in ziekenhuizen in 2012 met de helft terug te dringen. Uit een eerste tussenmeting van het EMGO/NIVEL-onderzoek blijkt echter dat het aantal vermijdbare sterfgevallen nog niet is gedaald.
De minister wil dat alle betrokken partijen zich extra inzetten om de zorg voor patiënten te verbeteren. Goede voorbeelden uit de praktijk moeten snel navolging vinden. Denk aan de nieuwe checklist bij operaties van het Academisch Medisch Centrum in Amsterdam. Dankzij deze checklist daalde het aantal sterfgevallen met de helft. 40 ziekenhuizen in Nederland hebben

TIP

Zo loopt u minder kans op medische missers

Door voor en tijdens een behandeling een aantal punten in gedachten te houden, kunt u zelf de kans op medische missers verkleinen.

- Bedenk dat ú beslist of u een onderzoek of behandeling wel of niet ondergaat. Om een weloverwogen keuze te maken, is het belangrijk goede informatie te verzamelen en rustig over uw beslissing na te denken. Geef uw toestemming voor een behandeling niet direct aan het eind van het voorlichtende gesprek. Neem de tijd die u nodig heeft om alles op u te laten inwerken. U heeft het recht dit te doen, dus laat u niet onder druk zetten.
- Vraag uw behandelend arts om alternatieve behandelingen uit te leggen, ook de opties die hij afraadt en/of zelf niet uitvoert, en schakel zo nodig een tweede arts in.
- Tijdens de behandeling moet u regelmatig bij uzelf nagaan of u tevreden bent en of uw wensen worden gehonoreerd. Zo niet, dan heeft u het recht de behandeling stop te zetten.
- Van te voren heeft u als het goed is afgesproken met uw arts wie de behandeling zal uitvoeren. Ga na of dit ook het geval is, want deze afspraak moet in bijna alle gevallen, afhankelijk van de situatie, worden nagekomen.
- Als laatste is het belangrijk altijd eerlijk antwoord te geven op vragen van de doktoren, in belang van uw behandeling en diagnose. Daarnaast is het verstandig vóór aanvang van een consult uw vragen en overlegpunten te noteren, zodat u de spreekkamer zonder vragen kunt verlaten.

al aangegeven de checklist ook te gaan gebruiken. De Inspectie voor de Gezondheidszorg zal hier ook op gaan handhaven.
Inmiddels werken vrijwel alle ziekenhuizen sinds 2008 met het zogenoemde VMS Veiligheidsprogramma; zie het gelijknamige kader op pag. 131. Dit programma werkt nog niet door in deze tussenmeting. Dat zal wel zo zijn bij de eindmeting in 2013. Zie ook par. 5.4c.

5.4a Tijdige zorg

De rechten van patiënten komen soms al in het nauw vóór ze het ziekenhuis binnenstappen. Iedere patiënt heeft recht op tijdige zorg, maar wordt soms geconfronteerd met wachtlijsten die langer zijn dan toegestaan. De laatste jaren is er wel veel gedaan om de wachttijden terug te dringen. Er zijn streefnormen vastgesteld voor medisch en maatschappelijk aanvaardbare wachttijden. Vaak bemiddelt ook de zorgverzekeraar bij het vinden van het ziekenhuis dat het snelst kan helpen. Vrijwel alle zorgverzekeraars hebben een website met informatie over wachtlijsten. Voor spoedeisende behandelingen mag er geen wachtlijst zijn.
Een punt van ergernis is dat je bij een polikliniek soms, ondanks een afspraak, lang moet wachten voordat je daadwerkelijk aan de beurt bent. Vaak

STEKELIGHEID

Uit het oog...

Ooglaseren is spannend. Maar mevrouw Van Gijlswijk uit Rosmalen is er klaar voor. Dat kun je niet zeggen van Eyescan Oogzorgkliniek in Utrecht. Vlak voor de ingreep hoort mevrouw dat de laser kuren heeft. Een receptioniste stuurt haar de stad in.
'Gaat u maar even winkelen, we bellen u.' Maar ze bellen niet. Uren later gaat de inmiddels bloednerveuze mevrouw Van Gijlswijk terug naar de kliniek.
Men maakt een nieuwe afspraak voor een paar dagen later. Opnieuw neemt mevrouw Van Gijlswijk vrij en regelt vervoer. Opnieuw die zenuwen. Voor niets, want als ze bijna bij de kliniek is, belt Eyescan af: de laser is nog steeds kapot.
'De eerste keer was wellicht overmacht, maar de tweede keer had Eyescan toch wel eerder kunnen bellen?' verzucht mevrouw Van Gijlswijk, die naar een klantvriendelijker kliniek op zoek gaat.
Stekeligheden, Consumentengids april 2010

vindt een ziekenhuis dit een normale gang van zaken, waarvoor het geen excuses verschuldigd is.
Omgekeerd zijn er patiënten die te laat komen of helemaal niet verschijnen. Een ziekenhuis kan de patiënt in het laatste geval wel een rekening sturen (van maximaal €40), mits de patiënt hierover vooraf is geïnformeerd.

5.4b Dossierkennis

Diverse leden van de Consumentenbond hebben de ervaring dat een arts zich niet of nauwelijks op hun poliklinische bezoek heeft voorbereid. Dat betekent dat je je hele verhaal opnieuw moet vertellen en soms zelfs dat je de arts moet corrigeren. De artsen hebben het druk, maar als patiënt heeft u recht op deskundigheid en verantwoorde zorg. U mag dus van de specialist eisen dat hij het dossier heeft bekeken en weet waarover hij het heeft.

5.4c Kwaliteit

Als patiënt heeft u recht op een goede behandeling door een deskundige specialist. Maar hoe weet u of dat wel goed zit bij een bepaald ziekenhuis? Helaas is daar nog veel te weinig informatie over. Zie ook het kader 'Tijd voor open kaart!' Via de ZorgZoeker (ga naar www.consumentenbond.nl/kiezenmoetkunnen en dan het tabblad de ZorgZoeker) vindt u meer informatie over zorgverleners; van de Consumentenbond maar ook van andere organisaties. Leden van de Consumentenbond kunnen daarnaast terecht op de website om daar voor zo'n 20 aandoeningen te zien wat de kwaliteit in de verschillende ziekenhuizen is. Ook kunnen ze er terecht voor informatie over fysiotherapie en verpleeg- en verzorginghuizen.

5.4d Onderlinge communicatie

In een ziekenhuis heb je doorgaans te maken met veel verschillende hulpverleners. Helaas is niet altijd even helder wie de behandeling coördineert. Ook gaat er in de onderlinge communicatie weleens iets mis. Zo meldt een lid dat hij na een heupoperatie enkele dagen tevergeefs om een slaapmiddel vroeg; de behandelend arts was een paar dagen weg en de verpleegkundigen vergaten steeds een andere arts om goedkeuring te vragen. Gevolg: drie slapeloze nachten.

5.4e Vrije artsenkeus

Iedereen heeft het recht een arts van zijn keuze aan te wijzen. De ervaring leert echter dat het erg moeilijk is om bijvoorbeeld over te stappen naar een andere specialist.

Tijd voor open kaart!

De Consumentenbond vindt dat de ziekenhuizen eindelijk eens open kaart moeten spelen over medische missers. Daartoe is de bond in het voorjaar van 2011 gestart met de campagne Kiezen moet kunnen. Consumenten worden opgeroepen hun behoefte aan open, eerlijke informatie over zorgverleners en ziekenhuizen kenbaar te maken.
Dat die behoefte er is, blijkt uit een enquête van de Consumentenbond onder ruim 600 Nederlanders. Ruim driekwart van de Nederlanders vindt dat naar buiten gebracht moet worden in welke instellingen fouten zijn gemaakt. Evenveel Nederlanders willen dat de naam van de falende arts bekend wordt gemaakt als de tuchtrechter uitspraak doet.
De Consumentenbond wil onder meer dat wettelijk wordt vastgelegd dat 'calamiteiten' verplicht aan de patiënt worden gemeld.
Meer informatie is essentieel, want nog geen 40% van de ondervraagden weet dat de kans op fouten tijdens een operatie afhankelijk is van het ziekenhuis. Ruim 30% denkt dat het niet uitmaakt.
Daarnaast eist de bond dat patiënten veel eenvoudiger een klacht kunnen indienen en dat het BIG-register gemakkelijker geraadpleegd kan worden. Meer informatie over deze campagne is te vinden op www.consumentenbond.nl/kiezenmoetkunnen.

Een van de belangrijkste patiëntenrechten is het toestemmingsvereiste. Dit betekent dat een behandeling alleen mag starten als de patiënt daarvoor toestemming heeft gegeven. Om zo'n beslissing te kunnen nemen, hoort een patiënt vooraf goede informatie te krijgen over een voorgenomen behandeling. Bijvoorbeeld over de gevolgen en risico's, en over de alternatieven en de vooruitzichten.
Maar soms wordt de patiënt gevraagd snel te besluiten of toestemming te geven voor een ingreep. Dan kan de informatievoorziening in de knel komen. Probeer dan uzelf niet onder druk te laten zetten en als u dat prettig vindt iemand uit uw omgeving te betrekken bij de beslissing.

5.4g Privacy

De privacy in ziekenhuizen laat nogal wat te wensen over. Dat blijkt uit een enquête die de Consumentenbond hield onder leden die het halfjaar ervóór een ziekenhuis hadden bezocht (*Gezondgids* april/mei 2010). In totaal vul-

den 344 opgenomen patiënten, 1195 bezoekers van een polikliniek en 332 bezoekers van een patiënt de enquête in.
Ruim 40% van de opgenomen patiënten meldde dat ze het gesprek van de specialist met de buurman hadden opgevangen, tot en met de onderzoeksuitslagen. Ook bezoek vangt regelmatig gesprekken op tussen een arts en de bezochte of een andere patiënt.
Opgenomen patiënten moeten ook van elkaar het een en ander verdragen. Meer dan de helft moet van tijd tot tijd telefoongesprekken van andere patiënten op de kamer aanhoren. Een kwart van de patiënten in een meerpersoonskamer heeft last gehad van bezoekers van andere patiënten en ook een kwart zegt nooit voldoende privacy te hebben gehad als zijzelf bezoek hadden.

5.4h Klein ongemak

Er kunnen ook kleine dingen misgaan. Uw bril kan beschadigd raken door onoplettend personeel, sieraden raken zoek of uw gebit raakt beschadigd, bijvoorbeeld als u onder narcose wordt gebracht.
Wilt u een schadevergoeding voor dit soort relatief klein ongemak, dan kunt u aankloppen bij de Geschillencommissie Zorginstellingen (zie Adressen), mits het ziekenhuis bij deze commissie is aangesloten.

5.4i Klagen

Het ziekenhuis heeft een centrale aansprakelijkheid voor alle behandelingen die binnen de organisatie plaatsvinden. Iemand die meent schade te hebben geleden als gevolg van de behandeling in een ziekenhuis kan in ieder geval het ziekenhuis aansprakelijk stellen. Zoals in par. 5.1f te lezen is, moet u bij een klacht wel eerst bedenken wat u wilt bereiken. Excuses? Schadevergoeding? Het doel bepaalt de weg die u kunt bewandelen.
Wie een klacht heeft, kan die het best eerst schriftelijk kenbaar maken bij

Meer privacy

De Consumentenbond vindt dat de privacy in ziekenhuizen meer aandacht verdient. Dit onderwerp is meegenomen in de onderhandelingen die de bond met ziekenhuizen voerde over nieuwe algemene voorwaarden. Die voorwaarden zijn in de zomer van 2010 ingevoerd. Bij de afdeling voorlichting of het patiëntenservicebureau van het ziekenhuis kunt u die voorwaarden opvragen.

‘Ik wil naar huis...’

Als u eerder naar huis wilt dan de arts verstandig vindt, kunt u niet tegen uw zin worden vastgehouden. De arts zal u in zo’n geval uitleggen op welke medische gronden hij u adviseert te blijven en welke risico’s u loopt als u toch vertrekt. Er wordt een verslag opgenomen in uw medisch dossier.

Wanneer een patiënt uit het ziekenhuis wordt ontslagen, hoort hij te worden geïnformeerd over wat hij verder kan verwachten. Daar gaat het nog weleens mis, zo blijkt uit ervaringen van leden en uit een rapport van de Inspectie voor de Gezondheidszorg (*Staat van de Gezondheidszorg 2006 – Patiënt en recht*). Eén op de drie patiënten krijgt niet te horen wat hij na ontslag uit het ziekenhuis moet doen in geval van nood, of wanneer het nodig is contact op te nemen met de huisarts.

Ga dus pas naar huis als u precies weet wat u daar moet doen en laten, en welke naverschijnselen zich kunnen voordoen. En vraag om het telefoonnummer van iemand in het ziekenhuis bij wie u later alsnog om informatie kunt vragen.

het ziekenhuis. Ziekenhuizen hebben een interne klachtenregeling. Een patiënt kan er terecht met klachten over behandeling, bejegening, verzorging of andere problemen. Per ziekenhuis kan de procedure wat verschillen. Als het ziekenhuis is aangesloten bij de Geschillencommissie Zorginstellingen kunt u een klacht of schadeclaim onder de €5000 ook voorleggen aan deze commissie. Dit moet dan wel gebeuren binnen een termijn van vijf jaar na ontdekking van de schade.

De geschillencommissie biedt een eenvoudige, goedkope en snelle procedure. Hulp van een advocaat of een andere rechtshulpverlener is niet nodig. Het klachtengeld bedraagt €50. Andere kosten zijn er niet, behalve de kosten die direct verband houden met de procedure, zoals portokosten en reiskosten voor het bijwonen van de zitting. Het ziekenhuis moet het klachtengeld (deels) vergoeden als u (deels) in het gelijk wordt gesteld.

De gemiddelde behandelingsduur bij de Geschillencommissie Zorginstellingen is ongeveer een halfjaar.

De geschillencommissie doet een bindende uitspraak, waartegen geen beroep mogelijk is. Als een van de partijen de uitspraak onredelijk vindt, kan de uitspraak binnen twee maanden aan de gewone rechter worden voorge-

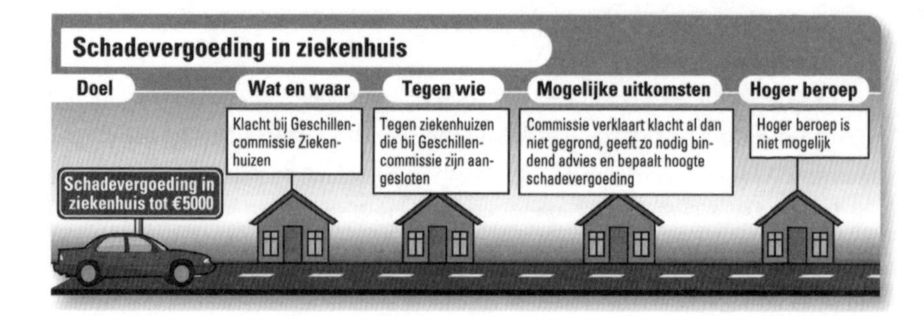

legd. De rechter zal de beslissing echter slechts marginaal toetsen. Dat wil zeggen: hij beperkt zich tot de vraag of de uitspraak indruist tegen wat redelijk en billijk is. Voor zo'n procedure is het doorgaans wel noodzakelijk dat u een advocaat inschakelt, met de daaraan verbonden financiële consequenties.

Wie een vordering heeft van meer dan €25.000, moet bij de civiele rechter aankloppen (zie ook par. 5.1f), ongeacht het feit of het ziekenhuis wel of niet is aangesloten bij de Geschillencommissie Zorginstellingen.

TIP

Tips bij medische missers

- Schrijf uw verhaal zo snel mogelijk op.
- Ga het gesprek aan met de arts/hulpverlener. Neem altijd iemand mee en leg het besprokene schriftelijk vast.
- Stel niet te veel vertrouwen in de klachtencommissie van het ziekenhuis. Die is niet onafhankelijk.
- Wilt u uw arts of hulpverlener aansprakelijk stellen, laat u dan vooraf goed informeren en kies een gespecialiseerde letselschadeadvocaat.
- Met alleen een veroordeling van de tuchtrechter bent u er niet. Die kijkt niet naar de civielrechtelijke aansprakelijkheid die nodig is voor een succesvolle schadeclaim.
- Benoem een onafhankelijke medisch deskundige samen met de 'tegenpartij'. Dat vergroot de kans dat deze een bindend advies kan geven.
- Vraag uw zorgverzekeraar om hulp. Die kan de kosten voor bijvoorbeeld een hersteloperatie verhalen op de behandelaar.
- Is er sprake van overlijden door een ernstige fout, doe dan aangifte bij de politie. U beschikt dan gelijk over een goed onderzoeksrapport.

5.5 Verpleging en verzorging

Een verpleeghuis en het regionaal zorgkantoor kregen een paar jaar geleden een procedure aan hun broek van vertegenwoordigers van verpleeghuisbewoners. Die vonden dat de zorg niet voldeed aan de minimumeisen. Ze wilden onder meer dat de bewoners elke dag konden douchen, een kwartier buiten konden wandelen en dat er permanent toezicht zou zijn op de huiskamers.
Op zich geen rare eisen, zou je zeggen. Maar de rechter oordeelde dat er geen gebruik was gemaakt van de mogelijkheid in de individuele zorgplannen afspraken te maken over douchen en wandelen. De klachten daarover werden daardoor niet gehonoreerd. Die over het permanent toezicht in de woonkamers wel.
Dit voorbeeld, te vinden in het rapport van de Inspectie voor de Gezondheidszorg, *Staat van de Gezondheidszorg 2006*, toont aan hoe belangrijk het is om te weten via welke wegen je kunt opkomen voor je rechten bij opname in een verpleeghuis. Een goed zorgplan is dus belangrijk, maar er is meer.

5.5a Hoe krijgt u zorg?

Het begint al op het moment dat u aanspraak wilt maken op zorg. U moet eerst weten welke hulp u precies wilt, want dat bepaalt bij welk loket u moet aankloppen.
Een groot deel van de hulp, zorg en begeleiding bij ziekte, ouderdom of handicap is geregeld in de Algemene wet bijzondere ziektekosten (AWBZ). Dat geldt bijvoorbeeld voor de zorg in verpleeghuizen en verzorgingshuizen, maar voor ook verpleging bij mensen thuis. Iedereen die in Nederland woont, is verzekerd voor de AWBZ. Die verzekering loopt bij de verzekeraar bij wie u de basisverzekering heeft afgesloten. U hoeft daar geen aparte polis voor af te sluiten.
Wie graag dit soort hulp wil, kan contact opnemen met het Centrum Indicatiestelling Zorg (CIZ). Dit kan rechtstreeks of via de huisarts of het WMO-Zorgloket van de gemeente.
De AWBZ maakt onderscheid in een aantal functies, zoals persoonlijke verzorging (hulp bij douchen, aankleden of toiletgang), verpleging (wondverzorging, toedienen van injecties en medicijnen) en verblijf (in een verpleeg- of verzorgingshuis). Daarnaast biedt de AWBZ begeleiding aan mensen die anders in een instelling terechtkomen of verwaarloosd raken.
Het CIZ bekijkt samen met de patiënt welke zorg hij nodig heeft en voor

hoeveel uur. Heeft u eenmaal een indicatie op zak, dan kunt u zich melden bij de zorginstelling van uw keuze.
Naast deze 'AWBZ-zorg' is er sinds 2007 de Wet maatschappelijke ondersteuning (WMO). Die regelt onder meer de huishoudelijke zorg, maar bijvoorbeeld ook woningaanpassing en regionaal vervoer voor gehandicapten. Een aanvraag voor huishoudelijke zorg kunt u doen bij het Zorgloket van de gemeente. Gemeenten mogen zelf beslissen over de toewijzing van huishoudelijke zorg, dus het kan zijn dat een identieke aanvraag voor huishoudelijke zorg in de ene gemeente wél wordt gehonoreerd en in de andere niet.

Meer informatie

- *Gemeente.* Beantwoordt vragen en geeft advies over de Wet maatschappelijke ondersteuning.
- *Per Saldo.* Belangenvereniging van en voor mensen met een persoonsgebonden budget in Nederland (www.pgb.nl).
- *Steunpunt mantelzorg.* Geeft informatie, advies en ondersteuning aan mensen die onbetaald voor een ander zorgen, zoals familieleden, buren en vrienden. Het steunpunt informeert ook over de inzet van het persoonsgebonden budget om mantelzorgers te ontlasten.
- *Landelijke Organisatie Cliëntenraden (LOC) en Landelijk steunpunt cliëntenraden (LSR).* Geven informatie over de Wet medezeggenschap cliënten zorginstellingen (www.loc.nl en www.hetlsr.nl) .

Onduidelijke formulieren

Een klacht of een probleem met een formulier in de gezondheidszorg kunt u melden aan de 'formulierenpolitie' van de Nederlandse Zorgautoriteit (NZa). De NZA heeft hiervoor een speciaal meldpunt ingesteld. U kunt klagen over onduidelijke, ingewikkelde of overbodige formulieren en over formulieren waarin dezelfde gegevens diverse keren moeten worden ingevuld. De klacht moet gaan over een formulier waarmee u zelf te maken heeft gehad. De NZa wil met dit meldpunt vereenvoudiging en vermindering van formulieren in de zorg bereiken. Kijk op www.NZa.nl onder Informatielijn/Meldpunt.

5.5b Inspraak

Wie eenmaal in een zorginstelling zit, kan rechten ontlenen aan de Wet medezeggenschap cliënten zorginstellingen (WMCZ). Die wet verplicht een zorginstelling tot het instellen van een cliëntenraad, die binnen de instelling de gemeenschappelijke belangen van cliënten behartigt. De wet geldt voor alle zorginstellingen, maar omdat mensen vaak lang in een verpleeg- of verzorgingshuis verblijven, is hij vooral in die instellingen relevant.
De cliëntenraad heeft verschillende taken. Zo geeft de raad gevraagd en ongevraagd advies aan de instelling over zaken die voor cliënten belangrijk zijn. Bij belangrijke beslissingen, zoals over voeding en hygiëne, moet de instelling eerst advies vragen aan de cliëntenraad.
Dat de rechten van patiënten in verpleeghuizen niet altijd goed uit de verf komen, blijkt uit een rapport van de Inspectie voor de Gezondheidszorg. Daarin concludeert de inspectie dat patiënten (of hun vertegenwoordigers) onvoldoende betrokken worden bij het opstellen en evalueren van zorgplannen. Ook is in de patiëntendossiers vaak geen aantekening te vinden dat een patiënt heeft ingestemd met het zorgplan. Dat is een ernstig probleem, want in die zorgplannen komen de afspraken te staan waarop de patiënt de instelling kan aanspreken.

Nieuwe wet

Overigens zijn er plannen voor een nieuwe Beginselenwet zorginstellingen. Deze wet is bedoeld voor bewoners van instellingen. Kern van de wet is het behoud van de regie over hun eigen leven.
Voorbeelden van rechten in de Beginselenwet zijn onder andere:

- dagelijkse lichamelijke hygiëne;
- gezond en voldoende eten en drinken;
- een schone, verzorgde eigen kamer;
- respectvolle bejegening;
- mogelijkheid tot het beleven van godsdienst, levensovertuiging of seksuele geaardheid;
- zinvolle daginvulling, beweging en dagelijkse buitenlucht;
- aandacht voor ontwikkeling en ontplooiing.

Het is de bedoeling dat deze rechten in het zorgplan dat de instelling met de bewoner opstelt, worden vertaald in persoonlijke afspraken.
Het wetsvoorstel gaat naar verwachting in het voorjaar van 2011 voor advies naar de Raad van State.
De Beginselenwet komt naast de Wet cliëntenrechten zorg (Wcz); zie par. 5.1h.

5.5c Problemen

Zoals in par. 5.1 te lezen is, moeten alle zorginstellingen voldoen aan de Kwaliteitswet zorginstellingen. Een verpleeg- of verzorgingshuis moet dus verantwoorde zorg leveren.
Heeft u een klacht over de uitvoering van de zorg, neem dan contact op met de zorginstelling. Iedere zorginstelling heeft een onafhankelijke klachtencommissie.
Heeft u een vraag of klacht over de hoogte van de eigen bijdrage, benader dan het Centraal Administratie Kantoor Bijzondere Zorgkosten (zie Adressen).
Bent u het niet eens met de inhoud van het indicatiebesluit van het CIZ, dan kunt u bezwaar maken bij het CIZ. Dat moet gebeuren binnen zes weken vanaf de dag nadat het indicatiebesluit is verstuurd. Het CIZ moet vervolgens binnen zes weken op uw bezwaar reageren. In veel gevallen vraagt het CIZ over een bezwaarschrift eerst advies aan het College voor zorgverzekeringen (CVZ). Pas daarna neemt ze een besluit. Dit kan betekenen dat de bezwaarprocedure met maximaal 11 weken wordt verlengd.
Uiteindelijk neemt het CIZ een beslissing: het bezwaar is gegrond (de indicatie wordt aangepast) of ongegrond. Bent u het niet eens met de beslissing op uw bezwaar, dan kunt u in beroep gaan bij een arrondissementsrechtbank. Bent u het ook niet eens met de uitspraak van de arrondissementsrechtbank, dan kunt u nog in hoger beroep gaan bij de Centrale Raad van Beroep.

5.6 Verzekeraar

Bijna iedereen heeft een zorgverzekering, individueel afgesloten of via een collectief. Iedere verzekering brengt, zowel voor de verzekeraar als de verzekerde, rechten en plichten met zich mee. Maar juist bij een zorgverzekering heeft u méér rechten dan u zou vermoeden en die zijn voor een groot deel ook wettelijk vastgelegd.
Op hoofdlijnen zijn er twee soorten rechten: materiële rechten en recht op informatie. Deze rechten liggen vast in de wet. In het kader 'Wat zegt de wet?' is te lezen op welke wetten en regelingen de zorgverzekeringsrechten zijn gebaseerd. Hierna gaan we dieper in op de diverse rechten en plichten.

5.6a Acceptatie

Iedereen moet zich verzekeren. Daarom is het ook logisch dat de zorgverzekeraar iedere verzekeringsplichtige moet accepteren. Elke Neder-

Wat zegt de wet?

De basisverzekering, aanvullende ziektekostenverzekeringen en AWBZ maken deel uit van ons zorgstelsel. De basisverzekering is voor iedereen verplicht en ook de AWBZ is voor iedereen toegankelijk. Een aanvullende verzekering is vrijwillig. Voor de basisverzekering zijn de rechten en plichten geregeld in de polis. Die regels komen vooral voort uit de Zorgverzekeringswet en gedeeltelijk uit het Burgerlijk Wetboek.
De AWBZ regelt verpleging en verzorging, een deel van de geestelijke gezondheidszorg en de zorg voor verstandelijk gehandicapten.
Alleen bij de aanvullende ziektekostenverzekeringen liggen rechten en plichten van de consument niet wettelijk vast. Die staan in de verzekeringsovereenkomsten of -contracten. Dat is ook logisch, want zo'n aanvullende verzekering sluit u vrijwillig af. Wel moeten die contracten voldoen aan de bepalingen van het Burgerlijk Wetboek.
De Wet marktordening gezondheidszorg houdt toezicht op de uitvoering van de zorgverzekering. In de praktijk doet de Nederlandse Zorgautoriteit dat. Daarnaast houdt ook de Nederlandsche Bank toezicht op het financiele reilen en zeilen van alle verzekeraars. Ten slotte is er nog de Autoriteit Financiële Markten, die onder andere kijkt naar het goed functioneren van de concurrentie in deze branche.

lander kan dus bij iedere zorgverzekeraar een basisverzekering afsluiten. Dit geldt ook voor de Algemene wet bijzondere ziektekosten (AWBZ). Wie in Nederland woont, is van rechtswege voor de AWBZ verzekerd, en wel bij de verzekeraar bij wie een zorgverzekering is afgesloten. U hoeft daar verder niets voor te doen.
Anders ligt dit bij een aanvullende verzekering. Die kunt u als klant vrij kiezen, maar een zorgverzekeraar hoeft geen aanvullende ziektekostenverzekeringen aan te bieden, en hoeft ook niet iedereen als klant te accepteren.
Een zorgverzekeraar mag voor de aanvullende verzekering zelf de premie vaststellen, hij mag 'risicopatiënten' weigeren en hoeft niet alle vormen van zorg te verzekeren. Ook mag hij wachttijden hanteren. Let daar dus op bij het afsluiten van een aanvullende verzekering.
Overigens hoeft u die niet per se af te sluiten bij de aanbieder van uw basispakket, maar in de praktijk gebeurt dat vaak wel.

5.6b Overstappen

De Zorgverzekeringswet (Zvw) geeft de consument het recht om ten minste éénmaal per jaar van verzekeraar te veranderen. Wie voor de basisverzekering overstapt, beëindigt overigens niet automatisch ook de aanvullende verzekering bij diezelfde zorgverzekeraar.

In de praktijk is overstappen vaak lastig. Meestal is er weinig tijd tussen het moment dat de nieuwe premies en voorwaarden bekend zijn – vaak pas in november of december – en het moment waarop u uiterlijk kunt opzeggen. De verzekeraar heeft krachtens de verzekeringsvoorwaarden vaak het recht zijn voorwaarden tussentijds eenzijdig te wijzigen. Betreft dat een wijziging in uw nadeel, dan heeft u weer het recht de verzekering op te zeggen, tenzij die wijziging wettelijk is voorgeschreven.

Maar hoe zit het als de zorgverzekeraar een eind maakt aan de overeenkomst tussen hem en een zorgaanbieder die voor u als verzekerde van belang is? Mag u dat ook zien als een wijziging ten nadele? Helaas is dat niet duidelijk geregeld. Het blijft nog even afwachten hoe rechters hierover in de praktijk zullen oordelen.

Bij zorg die verzekerd is in de AWBZ speelt overstappen geen rol. De AWBZ wordt voor alle verzekeraars gezamenlijk uitgevoerd door de regionale zorgkantoren. Het maakt wat de AWBZ betreft dus niet uit bij welke maatschappij u verzekerd bent.

Een aanvullende verzekering kan iedere consument zelf kiezen – gewoonlijk kunt u de verzekering na één jaar opzeggen – maar dat betekent niet dat u altijd gemakkelijk een nieuwe verzekeraar kunt vinden. Voor aanvullende verzekeringen geldt immers geen acceptatieplicht.

5.6c Recht op zorg

Een van de rechten bij de basisverzekering is het recht op 'voldoende zorg'. Voor een belangrijk deel beslist de politiek over de aard, inhoud en om-

Gebruik onze Zorgvergelijker

Via de Zorgvergelijker op de site van de Consumentenbond kunnen leden hun eigen verzekering snel en simpel op premie, dekking en vergoedingen vergelijken met andere basis- en aanvullende zorgverzekeringen. De Zorgvergelijker bevat 4875 polissen van 43 zorgverzekeraars.

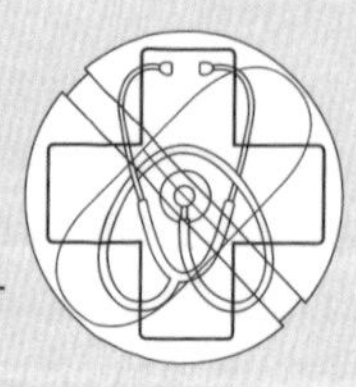

vang van dat basispakket, hoewel die vrijheid is beperkt door internationale verdragen.
Als leidraad bij de samenstelling van het pakket wordt het model van de Commissie-Dunning uit 1991 gehanteerd. Uitgangspunt daarbij is of de desbetreffende zorg noodzakelijk, werkzaam en doelmatig is, en of de zorg voor eigen rekening van de burger kan blijven. U kunt de overheid dus aan deze criteria houden. Dat geldt ook voor de AWBZ.
Over de inhoud van aanvullende zorgverzekeringen beslist de verzekeraar zelf. De verschillen tussen aanvullende pakketten kunnen daarom groot zijn.
U heeft recht op zorg, maar krijgt u die ook altijd? Dat hangt bij de basisverzekering af van het toegepaste model: natura of restitutie. In het naturamodel heeft de verzekerde een 'afdwingbaar recht' op zorg. Dat komt doordat de verzekeraar zich in dit model heeft verplicht zorg te leveren. Anders gezegd: de levering van de zorg zelf is verzekerd, niet de vergoeding van de kosten. In dit model moet de verzekeraar daarom overeenkomsten aangaan met zorgaanbieders om zeker te stellen dat hij aan zijn prestatieplicht tegenover de verzekerde kan voldoen. Als verzekerde mag u er in dit model dan ook van uitgaan dat de zorg altijd wordt geleverd.
In het restitutiemodel daarentegen heeft de verzekerde alleen recht op vergoeding van kosten. Er geldt wel een 'zorgplicht', die inhoudt dat de verzekeraar 'activiteiten' moet ontwikkelen 'gericht op het verkrijgen van zorg' – denk aan bemiddeling bij wachtlijsten – maar in dit model kunt u er als verzekerde niet op rekenen dat u bij alle artsen en andere zorgaanbieders terechtkunt.

TIP

Als de verzekeraar niet vergoedt

Het College voor zorgverzekeringen (CVZ) bepaalt welke medicijnen onder de dekking van de basiszorgverzekering vallen. Jaarlijks bekijkt het CVZ of het nodig is de lijst met te vergoeden medicijnen te herzien. Dat gebeurt onder andere in overleg met de patiëntenverenigingen.
Als een bepaald medicijn niet door de basisverzekering wordt vergoed, kunt u dus proberen via een patiëntenvereniging het CVZ ervan te overtuigen dat het medicijn eigenlijk vergoed zou moeten worden.
Verder is het mogelijk via een aanvullende verzekering alle vormen van farmaceutische hulp gedekt te krijgen. Die medicijnen moeten wel door een arts zijn voorgeschreven.

Juridisch gezien: in het naturamodel staat de verzekeraar ervoor in dat de verzekerde zorg krijgt, een 'resultaatsverbintenis', terwijl er in het restitutiemodel slechts sprake is van een 'inspanningsverbintenis'; de verzekeraar moet dan alleen zijn best doen.
Zorgverzekeraars mogen zelf kiezen welk model zij aanbieden. Ook een combinatie is mogelijk. In de praktijk bieden nagenoeg alle Nederlandse zorgverzekeraars een naturaverzekering aan. Iedereen kan dus een afdwingbaar recht op zorg verwerven door zo'n basisverzekering af te sluiten.
Bij de aanvullende verzekering kan de verzekeraar kiezen voor een naturaverzekering, een restitutieverzekering, of een combinatie daarvan. Let er daarom goed op welke vorm u kiest.

5.6d Zorg krijgen

U heeft dus recht op zorg, maar er kunnen wel toegangsvoorwaarden gelden: regels die bepalen wanneer de verzekerde aanspraak kan maken op (vergoeding van kosten van) zorg. Er zijn materiële en formele toegangseisen.
De belangrijkste materiële toegangseis is de algemene indicatie: de verzekerde moet 'redelijkerwijs aangewezen' zijn op zorg. Of dat bij de basisverzekering het geval is, beoordeelt de medische hulpverlener veelal zelf; slechts in uitzonderingsgevallen beslist de zorgverzekeraar hierover.
In de AWBZ ligt de indicatiebeoordeling meestal bij het Centrum Indicatiestelling Zorg (CIZ), hoewel dit in de praktijk ook wel wordt overgelaten aan de zorgaanbieders.
Soms gelden specifieke, in de wet vastgelegde, indicaties, bijvoorbeeld bij plastische chirurgie en fysiotherapie.
Daarnaast kunnen soms formele toegangsvoorwaarden gelden. De belangrijkste zijn de eis van verwijzing (bijvoorbeeld door de huisarts naar de specialist) en de eis van voorafgaande toestemming, vaak aangeduid als 'machtiging' (bijvoorbeeld voor bepaalde geneesmiddelen).
De zorgverzekeraar mag zelf bepalen of hij deze eisen in het contract wil opnemen. In de praktijk gebeurt dit soms wel en soms niet, zodat u er in een voorkomend geval de 'kleine lettertjes' van uw polis op moet nalezen.

Wachtlijsten

Recht op zorg is mooi, maar soms staan wachtlijsten snelle levering van die zorg in de weg. Daarom is het recht op tijdige zorg heel belangrijk. Heeft u daar recht op? Ook dat hangt weer af van het type verzekering dat u heeft gekozen en de inhoud van het contract.

Bij een basisverzekering met het naturamodel geldt eigenlijk dat er geen wachtlijsten mogen zijn. Het Burgerlijk Wetboek zegt dat u 'terstond' levering van de afgesproken prestatie (in dit geval: zorg) kunt eisen. Dat moet u misschien niet helemaal letterlijk nemen, maar de verzekeraar heeft geen recht de levering uit te stellen.

Sommige verzekeraars weten dat dit in de praktijk niet altijd lukt en hebben daarom in het contract op dit punt een specifieke regeling opgenomen. Vaak is dat een verwijzing naar de zogeheten Treek-normen, die een aanvaardbare maximale wachttijd aangeven. Die normen verschillen per zorgsector en per zorgproduct. Hard zijn deze Treek-normen niet. Het zijn 'streefnormen'. Niettemin kunt u uw verzekeraar daarop aanspreken.

Bij een basisverzekering met het restitutiemodel geldt dat de verzekeraar 'activiteiten moet ontplooien gericht op het verkrijgen van zorg'. Dat is een behoorlijk vage omschrijving, en iedere zorgverzekeraar geeft daar in de praktijk dan ook een eigen invulling aan. Maar de praktijk is ook dat de meeste verzekeraars bij lange wachttijden wel een vorm van bemiddeling aanbieden. Schroom niet daar als klant een beroep op te doen.

Voor de AWBZ in natura geldt, net als voor de basisverzekering in natura, dat de zorg eigenlijk 'terstond' geleverd moet worden. Maar voor een aanvullende verzekering is op dit punt niets geregeld. En omdat het meestal een restitutieverzekering betreft, kunt u als verzekerde geen snelle levering van zorg eisen. Op dit punt is de positie van de bezitter van een aanvullende verzekering dus zwak.

5.6e Goede kwaliteit

U heeft recht op zorg van goede kwaliteit. Levert een zorgaanbieder geen kwaliteit, dan staan daar sancties op, zoals in het tuchtrecht. Maar welke rol speelt de verzekeraar hierbij?

Zoals eerder aangegeven, geldt bij het naturamodel de prestatieplicht. Wie contractueel of wettelijk gehouden is tot een prestatie, moet een deugdelijke prestatie leveren. Dit houdt in dat de geleverde zorg verantwoord moet zijn. Een naturaverzekeraar is daarvoor in principe aansprakelijk. Dit betekent dat hij contracten moet sluiten met aanbieders die verantwoorde zorg leveren. Daarbij geldt dan dat die zorgaanbieders op hun beurt tegenover de verzekeraar een deugdelijke prestatie moeten leveren.

Hetzelfde geldt voor alle zorg die de AWBZ dekt, zoals verpleeghuiszorg.

Bij het restitutiemodel met gecontracteerde zorgaanbieders ligt de zaak anders. De zorgverzekeraar is in dat geval niet zelf verantwoordelijk voor de

kwaliteit van de te verlenen zorg. Toch gaat de verzekeraar niet helemaal vrijuit, want de maatschappelijke zorgvuldigheid vergt van hem dat hij alleen contracten sluit met zorgaanbieders van wie hij kan verwachten dat zij verantwoorde zorg bieden. Gebeurt dat niet, dan is het mogelijk, maar niet zeker, dat ook de verzekeraar aansprakelijk is.
Alleen bij een restitutieverzekering zonder gecontracteerde zorgaanbieders, zoals bij aanvullende verzekeringen, draagt de zorgverzekeraar geen eigen verantwoordelijkheid voor de kwaliteit van de verleende zorg. U kunt daar alleen de aanbieders zelf op aanspreken.

5.6f Keuze van een hulpverlener

Klanten vinden het erg belangrijk zelf hun hulpverlener te mogen kiezen. De Wet op de geneeskundige behandelovereenkomst geeft hen dat recht, al valt die keuzevrijheid in de praktijk nogal tegen. Ook de gekozen verzekeringsvorm is daarbij van belang.
Bij een basisverzekering met naturamodel en bij een restitutieverzekering met gecontracteerde zorgaanbieders moet de verzekerde een zorgaanbieder kiezen met wie zijn verzekeraar een overeenkomst heeft gesloten. Alleen bij een restitutieverzekering zonder gecontracteerde zorgaanbieders is de verzekerde helemaal vrij in zijn keuze. Let er bij de modellen met gecontracteerde aanbieders dus op hoeveel (of weinig) dat er zijn; dat aantal bepaalt in feite uw keuzemogelijkheden.
Wat gebeurt er als u zich bij een verzekering met gecontracteerde hulpverleners toch wendt tot een niet-gecontracteerde aanbieder? De Zorgverzekeringswet zegt namelijk dat dit mag. In zo'n geval kan de verzekeraar een korting toepassen op de vergoeding, zodat u een deel van de kosten zelf moet betalen. Dit mag weer niet bij acute zorg. Wilt u weten of er sprake is van zo'n korting, lees dan de polisvoorwaarden.
In de AWBZ in natura geldt één regime: de verzekerde kan zelf kiezen tot welke zorgaanbieder hij zich wendt, maar steeds binnen de kring van hulpverleners met wie zijn verzekeraar (in de praktijk: het zorgkantoor) een overeenkomst heeft gesloten. Dit betekent dus dat u niet met iedere aanbieder in zee kunt gaan. U moet eerst nagaan of die hulpverlener een contract heeft met het zorgkantoor. Wie zich bij AWBZ-zorg tot een niet-gecontracteerde aanbieder wendt, loopt zelfs het risico de rekening helemaal zelf te moeten betalen. Dat is te voorkomen door vooraf toestemming te vragen om zo'n niet-gecontracteerde aanbieder in te huren.
Als u kiest voor een persoonsgebonden budget bent u vrij om zelf een zorg-

aanbieder te kiezen. Bij een aanvullende verzekering hangt het helemaal af van de polisvoorwaarden in hoeverre u keuzevrijheid van hulpverlener heeft.

5.6g Recht op informatie

Iedere zorgconsument heeft op diverse punten recht op informatie. Ook bij het aangaan van een verzekering moet de klant goed weten wat hij kiest. Daarom moet de verzekeraar alle varianten van de zorgverzekering in de vorm van modelovereenkomsten ter beschikking stellen.
Ook moet hij informatie over zijn premies en diensten op zo'n manier verstrekken dat de consument deze gemakkelijk kan vergelijken met die van andere verzekeraars. De Zorgautoriteit en de Reclame Code Commissie houden toezicht op de reclame-uitingen van de verzekeraars.
Daarnaast moet de verzekeraar informatie geven over de verzekerde prestaties. Dit houdt onder andere in dat hij verzekerden vóór elk nieuw kalenderjaar een zorgpolis moet toezenden waaruit zij al hun rechten en plichten kunnen afleiden. Verder moet hij verzekerden informeren over wijzigingen die in de loop van het jaar optreden. Ook die informatie moet begrijpelijk en duidelijk zijn.
In de praktijk levert informatie geven over de diensten van de verzekering soms problemen op, vooral als de geleverde zorg moet voldoen aan het criterium 'volgens de stand van de wetenschap en praktijk'. Want heb je volgens die 'stand' bijvoorbeeld recht op vergoeding van de allernieuwste (en vaak duurste) medische technieken en medicijnen? De wet geeft hierover geen duidelijk uitsluitsel. Wie hierover meer wil weten, kan vooraf contact opnemen met zijn zorgverzekeraar of zijn licht opsteken bij het College voor Zorgverzekeringen.
Bij AWBZ-zorg is er op dit punt niets geregeld. Maar als zorgverzekeraars de AWBZ uitvoeren, geldt ook voor hen de Wet openbaarheid van bestuur. Die verplicht hen informatie te geven over de verzekerde prestaties.
Bij aanvullende verzekeringen zijn wat dit betreft geen specifieke eisen gesteld.
Het zou mooi zijn als verzekeraars ook informatie gaven over de kwaliteit(verschillen) van de zorgaanbieders. Want dat is wat consumenten echt nodig hebben om de beste arts of het beste ziekenhuis te kiezen. Helaas bestaat er geen wettelijk recht op zulke informatie, al ziet het ministerie van Volksgezondheid daar het nut wel van in en zouden ook de zorgverzekeraars er baat bij hebben.
Wel bestaan er inmiddels diverse initiatieven, ook van de Consumenten-

bond, om zulke vergelijkende kwaliteitsinformatie van de grond te krijgen. Ten slotte maken verzekeraars en zorgaanbieders afspraken over de zorg die wordt geboden en over prijzen. Bijvoorbeeld de afspraak om een behandeling met een goedkoop medicijn te beginnen voordat de arts een duurder alternatief inzet. Of de afspraak om bepaalde medische protocollen, richtlijnen of standaarden te volgen. De consument heeft het recht die afspraken te kennen, want ze kunnen van invloed zijn op de behandeling. Het lijkt in eerste instantie de taak van de zorgaanbieder om deze informatie te verstrekken, omdat dit eigenlijk al voortvloeit uit zijn wettelijke informatieplicht.

Ziekenhuis in het buitenland

Wanneer je geen tijdige ziekenhuiszorg in eigen land kunt krijgen, waarom zou je die dan niet over de grens halen? Dat lijkt een goed idee, maar bedenk wel dat meestal toestemming vooraf van de verzekeraar nodig is. Zo niet, dan loopt u het risico dat hij de rekening niet wil betalen. Het Europese Hof van Justitie heeft bepaald dat een verzekeraar zulke zorg over de grens moet verlenen als de verzekerde deze in Nederland niet 'tijdig' kan krijgen.

5.6h Plichten

Tegenover de vele rechten die u ten opzichte van de zorgverzekeraar heeft, staan ook plichten. De belangrijkste is dat u premie betaalt. Doet u dat niet, dan mag de verzekeraar de verzekeringsovereenkomst opschorten of ontbinden. Wel krijgt u eerst een termijn om alsnog de premie te voldoen. Ook mag de ontbinding niet met terugwerkende kracht gebeuren en geen afbreuk doen aan het recht op al geleverde prestaties.
Overigens gelden er voor een zorgverzekering soepeler regels dan voor veel andere verzekeringen. Zo moet je bij een autoverzekering maatregelen nemen om inbraak of diefstal te voorkomen, maar bij een zorgverzekering geldt niet dat je je best moet doen om (gezondheids)schade te voorkomen. Je mag dus roken, al weet iedereen dat dit ongezond is.
Voor bepaalde vormen van zorg moet de verzekerde een eigen bijdrage betalen. Maar dat hoeft niet, of alleen gedeeltelijk, als die zorg inhoudelijk of kwalitatief onder de maat is, of als die niet overeenkomt met datgene waarop de verzekerde recht heeft.
Dezelfde plichten gelden voor de AWBZ en de aanvullende verzekering.

5.6i Klachtbehandeling

Met een klacht over een basisverzekering of aanvullende verzekering moet u altijd eerst bij de verzekeraar zelf aankloppen. Die heeft daarvoor doorgaans een interne klachtenprocedure. Komt u er met de verzekeraar niet uit, dan kunt u terecht bij de Ombudsman Zorgverzekeringen, die bemiddelt bij klachten van verzekerden. Dat gebeurt onder toezicht van de SKGZ, de Stichting Klachten en Geschillen Zorgverzekeringen.

Helpt bemiddeling door de ombudsman niet, dan kunt u naar de Geschillencommissie Zorgverzekeringen stappen. Deze commissie geeft een voor beide partijen bindend advies. Bijzonder is hierbij dat de commissie eerst aan de zorgverzekeraar om heroverweging van het genomen besluit vraagt, en vervolgens advies inwint bij het College voor Zorgverzekeringen. Alle zorgverzekeraars hebben in hun modelcontracten hiervoor de Geschillencommissie Zorgverzekeringen van de SKGZ aangewezen.

De procedure van de Geschillencommissie Zorgverzekeringen is eenvoudig en goedkoop, en de commissie kan vrij snel uitspraak doen. In spoedeisende gevallen kan de klager ook een voorlopige voorziening vragen. Helaas geldt deze procedure alleen voor geschillen over zorg in de basisverzekering, en dus niet bij de AWBZ of een aanvullende verzekering. Meer informatie over de Ombudsman Zorgverzekeringen en de Geschillencommissie Zorgverzekeringen vindt u op www.skgz.nl.

Bij uitvoering van de AWBZ geldt voor een zorgverzekeraar hetzelfde als voor andere bestuursorganen. Iedereen kan daarover desgewenst klagen. Vaak zal dan een persoon of commissie van de zorgverzekeraar over de kwestie een advies uitbrengen. Ook kunt u met uw klacht terecht bij de Nationale Ombudsman.

Bent u het niet eens met de afhandeling van uw klacht, dan staan er nog enkele wegen open. Bij een beslissing over een klacht over AWBZ-zorg kunt u nog 'hogerop' naar de bestuursrechter. De verzekerde stelt dan beroep in tegen de beslissing bij de rechtbank. Daarna is nog hoger beroep mogelijk bij de Centrale Raad van Beroep. In de bezwaarfase wordt het College voor Zorgverzekeringen om advies gevraagd. Houd er wel rekening mee dat deze procesgang (erg) lang kan duren. Rechtsbijstand is hierbij niet verplicht.

Een alternatief is de weg naar de burgerlijk rechter. Dat is ook de aangewezen weg als u het niet eens bent met de uitkomst van uw geschil met een zorgverzekeraar. Het nadeel hiervan is dat ook deze procedure (erg) lang kan duren – zeker met de beroepsmogelijkheden bij het Gerechtshof en de

Hoge Raad – en dat u rechtsbijstand moet hebben, dus een beroep moet doen op een advocaat of rechtsbijstandverzekering.
De Consumentenbond is voorstander van een bredere toepassing van geschillencommissies onder de paraplu van de Stichting Geschillencommissies (SGC). De SGC werkt op basis van tweezijdig overeengekomen voorwaarden, snel, eenvoudig en klantvriendelijk.
Ten slotte kunnen belangenorganisaties zoals de Consumentenbond in bepaalde gevallen collectief namens alle klagers optreden, bijvoorbeeld door hun zaak aan de rechter voor te leggen. De Consumentenbond heeft dit in het verleden meermaals gedaan.

ADRESSEN

Academisch Centrum Tandheelkunde Amsterdam (Acta)
Postbus 7822
1008 AA Amsterdam
(020) 598 08 88
(ma t/m vr 8.30-17 uur)
www.acta.nl

Algemene Nederlandse Vereniging van Reisondernemingen (ANVR)
www.anvr.nl

Associatie Nederlandse Tandartsen (ANT)
Leidsevaartweg 99
2106 AS Heemstede
(023) 524 88 99
www.ant-online.nl

Centraal Administratie Kantoor (CAK)
Antwoordnummer 1608
2509 VB Den Haag
Wmo: 0800-1925
Zorg zonder Verblijf: 0800 – 1925
Zorg met Verblijf: 0800 – 0087
Compensatie eigen risico:
0800 – 2108
Wtcg: 0800 – 0300
www.hetcak.nl

Centraal Tuchtcollege voor de Gezondheidszorg
Postbus 20302
2500 EH Den Haag
(070) 340 54 17
Adressen Regionale Tuchtcolleges via de website
www.tuchtcollege-gezondheidszorg.nl

Centrale Raad van Beroep
Postbus 16002
3500 DA Utrecht
(030) 850 21 00
www.rechtspraak.nl

Centrum Indicatiestelling Zorg (CIZ)
0900 – 1404
Lokale adressen en telefoonnummers via de website
www.ciz.nl

College voor Zorgverzekeringen
Postbus 320
1110 AH Diemen
(020) 797 85 55
(ma t/m vr 9-17 uur)
www.cvz.nl

Commissie Klachtenbehandeling Aanstellingskeuringen (CKA)
Postbus 90405
2509 LK Den Haag
(070) 349 95 73
www.aanstellingskeuringen.nl

ConsuWijzer
Postbus 1031
2260 BA Leidschendam
(088) 070 70 70 (ma t/m vr 8.30-17.30 uur; tarief 088-nummer)
www.consuwijzer.nl

De Geschillencommissie
Postbus 90600
2509 LP Den Haag
(070) 310 53 10
www.degeschillencommissie.nl
- *Geschillencommissie Centrale Antenne Inrichtingen*
- *Geschillencommissie Elektronische Communicatiediensten*
- *Geschillencommissie Luchtvaart*
- *Geschillencommissie Optiek*
- *Geschillencommissie Reizen*
- *Geschillencommissie Telecommunicatie*
- *Geschillencommissie Thuiswinkel*
- *Geschillencommissie Verpleging, verzorging en thuiszorg*
- *Geschillencommissie Zelfstandige Klinieken*
- *Geschillencommissie Zorginstellingen*

Europees Consumenten Centrum
Postbus 487
3500 AL Utrecht
(030) 232 64 40 (ma t/m vr 9-17 uur)
www.consumentinformatiepunt.nl

Inspectie voor de Gezondheidszorg (IGZ)
Postbus 2680
3500 GR Utrecht
088-120 50 00
(ma t/m vr 9-17 uur; lokaal tarief)
www.igz.nl

Juridisch Loket
0900-8020 (€0,10 pm)
www.juridischloket.nl

Klachtencommissie van de Nederlandse Vereniging van Vrijgevestigde Psychotherapeuten (NVVP)
Maliebaan 50B
3581 CS Utrecht
(030) 236 43 38
www.nvvp.nl

Klachtencommissie Paramedici Eerstelijn
p/a Nederlands Paramedisch Instituut
Postbus 1161
3800 BD Amersfoort
(033) 421 61 00
www.paramedisch.org

Koninklijke Nederlandse Maatschappij ter bevordering der Pharmacie (KNMP)
Postbus 30460
2500 GL Den Haag
(070) 373 73 73
www.knmp.nl

Landelijke Organisatie Cliëntenraden (LOC)
Postbus 700
3500 AS Utrecht
(030) 284 32 00
www.loc.nl

Landelijk Steunpunt CliëntenRaden (LSR)
Postbus 8224
3503 RE Utrecht
(030) 293 76 64
(ma t/m vr vanaf 9 uur)
Helpdesk: (030) 299 00 04
(ma, di en do 10-16 uur)
www.hetlsr.nl

Meldpunt Consument en de Zorg
Churchilllaan 11, 6e etage
3527 GV Utrecht
(030) 297 03 03
Vragen of klachten over de zorg:
(030) 291 67 77 (ma t/m vr 10-16 uur)
www.consumentendezorg.nl

Nationale Ombudsman
Antwoordnummer 10870
2501 WB Den Haag
bij spoed:
Postbus 93122
2509 AC Den Haag
0800-33 55 555 (ma t/m vr 9-17 uur)
www.ombudsman.nl

Nederlands Instituut van Psychologen (NIP)
Postbus 9921
1006 AP Amsterdam
(020) 410 62 22
(ma t/m do 9-17 uur, vr 9-13 uur)
www.psynip.nl

Nederlandse Maatschappij tot bevordering der Tandheelkunde (NMT)
Postbus 2000
3430 CA Nieuwegein
(030) 607 62 76
www.tandartsennet.nl

Nederlandse Patiënten Consumenten Federatie (NPCF)
Postbus 1539
3500 BM Utrecht
(030) 297 03 03
www.npcf.nl

Nederlandse Vereniging van Ziekenhuizen (NVZ)
Postbus 9696
3506 GR Utrecht
(030) 273 98 83
www.nvz-ziekenhuizen.nl

Nederlandse Vereniging voor Mondhygiënisten
Postbus 1166
3430 BD Nieuwegein
(030) 657 10 13
www.mondhygienisten.nl

Nederlandse Vereniging voor Psychiatrie (NVvP)
Postbus 20062
3502 LB Utrecht
(030) 282 33 03
www.nvvp.net

Nederlandse Zorgautoriteit (NZa)
Postbus 3017
3502 GA Utrecht
(030) 296 81 11
www.nza.nl

Ombudsman Zorgverzekeringen/ Stichting Klachten en Geschillen Zorgverzekeringen (SKGZ)
Postbus 291
3700 AG Zeist
(030) 698 83 60
(ma t/m vr 9-17 uur)
www.skgz.nl

OPTA
Postbus 90420
2509 LK Den Haag
(070) 315 35 00
www.opta.nl

Orde van Advocaten
Postbus 30851
2500 GW Den Haag
(070) 335 35 35
www.advocatenorde.nl

Organisatie van Nederlandse Tandprothetici (ONT)
Postbus 12
3740 AA Baarn
(035) 542 75 14
www.ont.nl

Per Saldo (PGB)
Postbus 19161
3501 DD Utrecht
voor niet-leden:
0900-74 24 857
(€0,20 pm; ma t/m do 10-17 uur)
www.pgb.nl

Raad voor de Volksgezondheid & Zorg (RVZ)
Postbus 19404
2500 CK Den Haag
(070) 340 50 60
www.rvz.net

Raad voor Rechtsbijstand
Centraal kantoor Utrecht
Postbus 24080
3502 MB Utrecht
(088) 787 10 00
(ma t/m do 9-17 uur; vr 9-16 uur)
www.rvr.org

Rijksinstituut voor Volksgezondheid en Milieu (RIVM)
Postbus 1
3720 BA Bilthoven
(030) 274 91 11
www.rivm.nl

Stichting Calamiteitenfonds Reizen
Postbus 4040
3006 AA Rotterdam
(010) 414 68 45
www.calamiteitenfonds.nl

Stichting Garantiefonds Reisgelden (SGR)
Postbus 4040
3006 AA Rotterdam
(010) 414 63 77
www.sgr.nl

Stichting Klachtenregeling Huisartsenzorg Zuid-Nederland
Postbus 8018
5601 KA Eindhoven
(040) 212 27 80
(ma t/m do 9-17 uur)
www.klachtenhuisarts.nl

Tandheelkundig Informatie Punt (TIP)
0900 – 20 25 012
(€0,25 pm, ma 9-12 uur, di t/m vr 9-12 uur en 13.30-16.30 uur)

Vereniging voor Letselschade Advocaten (LSA)
Postbus 21
3940 AA Doorn
(0343) 42 04 12
www.lsa.nl

Vereniging Zelfstandige en Freelance Bedrijfsartsen
Postbus 9324
3700 AH Rotterdam
www.bedrijfsartsen.net

Zorgbelang Nederland
Postbus 2250
3500 GG Utrecht
(030) 299 19 70
informatie of klacht:
0900 – 243 70 70 (€0,10 pm)
www.zorgbelang-nederland.nl

Verder lezen

101 Slimme geldtips

Een mens heeft met allerlei geldzaken te maken, zoals het kopen van een auto, de keus van een hypotheek, het opbouwen van pensioen en het invullen van de belastingaangifte. In deze uitgave staan praktische, duidelijke geldtips van de hoofdredacteur van de *Geldgids*. Voor slim omgaan met allerlei financiële zaken: de hypotheek, beleggen, sparen, schenken, belastingen enzovoort. Tips die niet alleen op besparen zijn gericht, maar vooral op slim omgaan met geld.

1e druk, mei 2011 | ISBN 978 90 5951 1583 | paperback - 104 pagina's | ledenprijs €12,75 - niet-ledenprijs €16

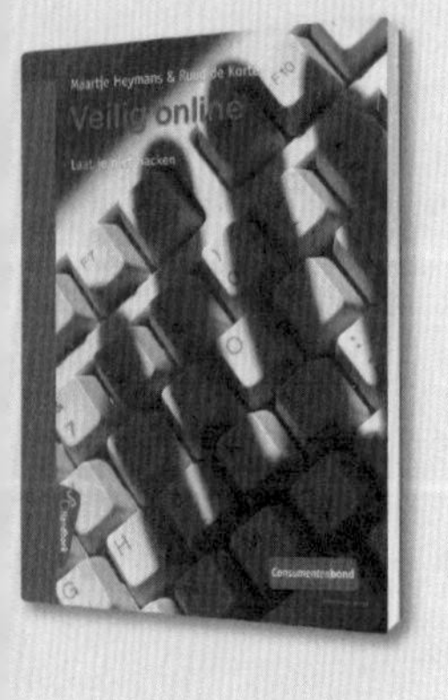

Veilig online

We gebruiken internet voor van alles: het vinden van informatie, het verrichten van financiële transacties, het verzenden van e-mail, het boeken van een vakantie, het spelen van spelletjes of het aansluiten bij een vriendenclub. Maar met de gemakken en het plezier van internet kunt u ook narigheid binnenhalen, zoals virussen, aantasting van uw privacy en diefstal van persoonlijke gegevens om uw bankrekening te plunderen. In dit boek krijgt u nuttige informatie over bedreigingen die u van buitenaf kunt verwachten en wat u ertegen kunt doen. Ook laten we zien hoe u zo veilig mogelijk telebankiert of aankopen doet via internet, en uiteraard hoe u de computer optimaal uitrust tegen onlinebedreigingen.

1e druk, maart 2011 | ISBN 978 90 5951 1552 | paperback – 176 pagina's – full colour | ledenprijs €17,50 – niet-ledenprijs €22

Geld & verzekeringen

101 Slimme geldtips
Geldzaken voor senioren
Handboek voor huiseigenaren
Het nieuwe sparen
Het slimme bespaarboek
Samen rijk worden
Samenwonen of trouwen?
Scheiden
Slim nalaten en schenken
Uw geldzaken online

Gezondheid & voeding

Gezond eten voor senioren
Gezond ouder worden
Greep op de overgang
Hart & vaten gezond
Het juiste medicijn
Koken met de Consumentenbond
Lekker en licht eten
Medisch onderzoek van A tot Z
Voeding en uw gezondheid
Vrouw & gezondheid
Zelf dokteren

Computers & internet

Alles over digitale fotografie
Alles over digitale video
Beeld & geluid in huis
De leukste gratis software 2
Grote schoonmaak van uw computer
Haal nóg meer uit uw pc
Maak uw collecties digitaal
Muziek uit uw computer
Slim internetten
Veilig online
Windows 7 (+ dvd)

Diversen

1001 Reparaties in huis
301 Gouden energiebespaartips
500 Handige huishoudtips
Alles over huishoudelijke apparaten
Buitenonderhoud
De mooiste steden
Ruimte winnen in huis
Testjaarboek 2011
Vlekkengids
Water, elektriciteit & gas

Leden van de Consumentenbond ontvangen korting op deze boeken. U bestelt ze via Service en Advies (070) 445 45 45 of via internet: www.consumentenbond.nl/webwinkel.

Bent u lid? Houd dan uw lidmaatschapsnummer gereed. We zijn op werkdagen van 8 tot 20 uur bereikbaar (vrijdag van 8 tot 17.30 uur). Voor bestellingen en aanmeldingen als lid kunt u verder 24 uur per dag gebruikmaken van de voicemail of onze website.

Service

Abonnement op de Consumentengids

Consumentengids + Internet voor €61 per jaar*

Bij een abonnement op de *Consumentengids* heeft u toegang tot al onze testinformatie. Altijd en overal.

- **ontvang 11 nummers per jaar**
- **álle testinformatie online**
  ga naar www.consumentenbond.nl (log wel eerst in)
- **gratis telefonisch productadvies**
- **korting op onze andere bladen en boeken**

En u steunt meteen de activiteiten van de Consumentenbond.

Leden hebben korting op:

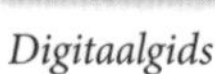
Digitaalgids

Geldgids

Gezondgids

Reisgids

Leden met een abonnement op de *Consumentengids* of een ander blad betalen voor de *Geldgids* €38 voor de *Reisgids* €36 en voor de *Digitaalgids* of *Gezondgids* €31.*
Kijk ook op: www.consumentenbond.nl/webwinkel

Hoe kunt u ons bereiken?

Consumentenbond
Postbus 1000
2500 BA Den Haag
Enthovenplein 1
2521 DA Den Haag
(070) 445 45 45
www.consumentenbond.

Persoonlijk advies (alleen voor leden), aanmelden abonnement, adreswijziging en algemene vragen:
Afdeling Service en Advies
(070) 445 45 45
Maandag t/m donderdag 8-20 uur, vrijdag 8-17.30 uur

Of:
www.consumentenbond. contact

* prijzen 2011